JEAN VANIER

Weites Herz

Jean Vanier

Weites Herz

Dem Geheimnis der Liebe auf der Spur

NEUFELD VERLAG
TYROLIA VERLAG

Aus dem Englischen übersetzt von Bernardin Schellenberger

Übersetzt aus der englischen Ausgabe *Befriending the Stranger*,
erschienen bei Darton, Longman and Todd, London

Deutsche Übersetzung autorisiert von Arche Deutschland

Die Deutsche Bibliothek verzeichnet diese Publikation in der Deutschen Nationalbibliografie; detaillierte bibliografische Daten sind im Internet über www.d-nb.de abrufbar

Umschlaggestaltung: spoon design, Olaf Johannson
Umschlagbilder: John McElroy (oben)/© ShutterStock®
Satz: Neufeld Verlag, Schwarzenfeld
Herstellung: Bercker Graphischer Betrieb GmbH & Co. KG, Kevelaer

ISBN 978-3-937896-92-2, Bestell-Nummer 588 775
www.neufeld-verlag.de

In Kooperation mit dem Tyrolia Verlag, Innsbruck
ISBN 978-3-7022-3057-9
www.tyrolia-verlag.at

Inhalt

Vorwort

In den Arche-Gemeinschaften leben Menschen mit geistigen Behinderungen mit anderen zusammen, die sich berufen fühlen, ihr Leben mit ihnen zu teilen. Bei diesem engen Zusammenleben und gemeinsamen Unterwegssein lernen wir alle Leiden und Freuden des Gemeinschaftslebens kennen. Hier öffnen die schwächsten Mitglieder uns anderen das Herz für das Mitfühlen und helfen uns auf diese Weise zu einem tieferen Einswerden mit Jesus. Wir lernen es, mit ihnen Freundschaft zu schließen, und durch sie und mit ihnen auch mit Jesus.

Unsere Gemeinschaften beruhen – genau wie auch die Gemeinschaften »Glaube und Licht«[1] – auf dem Glauben an den Wert, den jeder Mensch hat; ganz unabhängig von seiner Kultur oder Religion, seinen Fähigkeiten oder Behinderungen. Wir alle sind berufen, in der Liebe und Weisheit und der Fähigkeit zum Annehmen des Anderen zu wachsen. Manche unserer Gemeinschaften wurzeln im katholischen Glauben; andere wurden ökumenisch. So erleben wir die Freuden des Einsseins und die Schmerzen, die es bereitet, noch gespalten zu sein. Indem wir versuchen, die Botschaft Jesu zu leben, wachsen wir zusammen.

Der vorliegende Text wurde ursprünglich *gesprochen*. Es handelt sich dabei um Vorträge, die ich bei Einkehrtagen in der Dominikanischen Republik hielt. Die Teilnehmer waren Menschen aus dem Alltagsleben der Arche in Lateinamerika und der Karibik. Diese »Assistenten«, wie sie in der Arche genannt werden, brauchen immer wieder Anregungen, die sie auffrischen und neu motivieren. Da wir mit Menschen zusammenleben, die viele Ängste in sich tragen, kann unser Leben zeitweise voller Stress werden. Daher ist es für uns dringend notwendig, dass wir unsere Liebe zu Jesus vertiefen, der in den Menschen verborgen ist, die oft unerwünscht sind. Am Abschlusstag dieser Einkehrzeit gingen viele der Assistenten öffentlich ihre Verpflichtung oder ihren »Bund« mit Jesus und allen Mitgliedern ihrer Gemeinschaft ein, besonders mit den schwächsten und ärmsten. Das war ihre Antwort auf eine Berufung, die sie von Gott her verspürten.

Später wurden diese Vorträge in Buchform gebracht, wobei Struktur und Stil der Einkehrzeit beibehalten wurden: für jeden der sechs Tage ein Kapitel. Jeder Vortrag behandelt einen Schritt auf einem Weg des Glaubens und der Liebe. Daher sollte auch jeder so gelesen werden: still, in innerem Frieden, damit man beim Lesen tiefer ins Geheimnis der in Jesus offenbar gewordenen Liebe Gottes hineingezogen wird.

Zwar wurde diese Woche der Besinnung und des Gebets für in der Arche engagierte Menschen gehalten, aber sie kann auch für alle anderen hilfreich sein, die nach dem Evangelium zu leben versuchen. Ihre Themen können alle inspirieren, die der Überzeugung sind, dass die Kirche nur auf dem Weg erneuert werden kann, dass wir den Menschen dienen und mit ihnen Freundschaft schließen, und dass alle, die Jesus nachfolgen, nur auf diesem Weg zu einer Gemeinschaft vereint werden können. Das gilt in besonderem Maß für unser Verhältnis zu den Menschen, die uns als »fremd«, »fremdartig« und »anders« vorkommen, nämlich die in unserer Gesellschaft Ungewollten und Einsamen. Zudem müssen wir es lernen, auch mit unserer eigenen Armut, also dem »Fremdartigen« und Einsamen in uns selbst, Freundschaft zu schließen.

Ich möchte hier mit den Worten schließen, die Kardinal Etchegaray in Rom bei seiner Ansprache zum Beginn des neuen Jahrtausends vor Jugendlichen äußerte:

> *Die Kirche bittet euch, aufmerksam auf die Schwachen und Verletzlichen zu achten; auf diejenigen, über die Jesus sich freut, weil sie sehen, was den Klugen und Fähigen verborgen bleibt (vgl. Matthäus 11,25). Vergesst nie dieses Kriterium. Es ist das kostbarste, das sicherste, das konkreteste Kriterium, das euch erkennen helfen wird, was Christus von euch erwartet ... Die Richtung ist klar: Arm leben, wie Christus es tat, mit dem Armen leben, um mit Christus zu leben. Die Erneuerung der Kirche gelingt immer dann, wenn wir es wagen, im Bund mit den Armen zu leben.*

Jean Vanier
L'Arche, Trosly

Anmerkung

1 Eine 1971 von Jean Vanier gegründete internationale Bewegung für geistig Behinderte und ihre Familien und Freunde. Siehe auch: Kathryn Spink, *Jean Vanier und die Arche – Die Geschichte einer außergewöhnlichen Berufung*. Neufeld/Tyrolia, Schwarzenfeld/ Innsbruck 2008.

Einführung

Jesus weinte

Als Jesus sich Jerusalem näherte, weinte er. Die geheimnisvollen Tränen Jesu. Er konnte voraussehen, was geschehen würde. Er wusste, Jerusalem würde zerstört werden, die »Heilige Stadt« würde zur »Stadt des Leidens«, zur »Stadt des Kriegs und Konflikts« werden.

Jesus weinte:

> *»Wenn du doch die Friedensbotschaft verstanden hättest ...«*
> (vgl. Lukas 19,42)

Aber diese Friedensbotschaft verstehen wir nicht. Oft kennen wir den Kern der Botschaft des Evangeliums gar nicht richtig.

Jesus weint über unsere heutige Welt. Er weint über unsere Länder, in denen so große Ungleichheit herrscht, Spaltung und gegenseitiges sich Ausschließen. Wenn wir uns die Botschaft des Evangeliums genauer ansehen und dazu auch das Geschenk der »Arche«, erschließt sich uns das Geheimnis des Weinens Jesu. In unseren Arche-Gemeinschaften heißen wir Menschen willkommen, die abgelehnt und ausgestoßen wurden. Sie haben viele Tränen geweint. Die Arche wurde auf ihren Tränen errichtet.

Luisito ist ein Mensch mit schweren Behinderungen. Vor seiner Aufnahme in die Arche in Santo Domingo lebte er auf der Straße und nächtigte in einer kleinen Hütte in der Nähe der katholischen Kirche. Als seine Mutter starb, blieb er allein zurück. Hier und da gaben ihm die Nachbarn etwas zum Essen, aber niemand kümmerte sich wirklich um ihn: Er war schmutzig und stank; sein Körper war verkrümmt; er konnte nicht gehen und nicht sprechen. Die Leute ertrugen kaum seinen Anblick; er verstörte sie. Aber heute ist er eines der Gründungsmitglieder der Arche in Santo Domingo und es ist eine Freude, ihm in der dortigen Gemeinschaft zu begegnen.

Claudia kam vom Asyl in San Felipe (in Honduras) zur Arche in Suyapa. Weil sie blind und autistisch ist, hatte man sie als Kind ausgesetzt. Während ihres ersten Jahres in der Arche-Gemeinschaft »Casa Nazaret« war sie ziemlich verstört und voller Ängste; sie schrie viel. Jetzt ist sie friedlicher. Sie deckt den Tisch, arbeitet in der Werkstätte ... Als ich diese Gemeinschaft vor einiger Zeit besuchte, sah ich sie im Hof herumgehen, und sie lächelte und sang vor sich hin. Ich sprach sie an, ob ich ihr eine Frage stellen dürfe:

»Si [Ja], Juan«, erwiderte sie.

»Claudia, warum bist du so glücklich?«

»Dios [Gott]«, gab sie zur Antwort.

Dieses junge Mädchen, das ausgesetzt worden war, weil es niemand gewollt hatte, war zur Freundin Gottes geworden.

Wir sind privilegiert, wo immer wir sein mögen, ganz gleich, welchen Platz wir in der Gesellschaft haben, und zwar deshalb, weil wir in unseren Familien, in unserer Umgebung und in unseren Gemeinschaften mit all den Luisitos und Claudias um uns herum zusammen sein dürfen. Indem wir ihnen nahe sind, sind wir Jesus nahe. Das ist das Geheimnis, das ist die im Evangelium Jesu verborgene Wahrheit: Luisito macht Jesus gegenwärtig!

Es wirkt töricht, das zu sagen. Ein Großteil dessen, was ich sage, mag ziemlich töricht wirken, denn das Evangelium ist tatsächlich eine törichte Botschaft. Diese ist so einfach, so erstaunlich, dass man nur schwer glauben kann, dass es wahr ist, genau wie es für Maria schwer gewesen sein muss, zu glauben, dass das Kleine, das sie in ihrem Schoß trug und später in ihren Armen, Gott war! Dieses kleine Kind war auf sie angewiesen, damit sie es nährte, für es sorgte, ja mehr noch: das sie brauchte, um es zu lieben. Ein Kind braucht Liebe. Das »Fleisch gewordene Wort«, Jesus, war darauf angewiesen, geliebt zu werden.

Es ist für uns schwierig, an einen Gott zu glauben, der derart demütig und verletzlich ist. Ist denn Gott nicht in erster Linie und vor allem der Allmächtige, der Schöpfer von Himmel und Erde, der Schöpfer der gesamten Welt der Pflanzen, Fische und Tiere, der Schöpfer von Mann und Frau? Gott ist so groß! Wenn wir zu den Sternen aufsehen und an die Entfernung zwischen den Sternen und unserem Planeten denken; wenn wir uns die Sonnen hinter den Sonnen vorstellen, die Milchstraßen hinter den Milchstraßen, dann kommt uns die Größe Gottes zu Bewusstsein. Und doch wurde genau dieser Gott Fleisch, wurde ein kleines Kind.

Im Johannesevangelium sagt Philippus zu Jesus:

»Herr, zeig uns den Vater; das genügt uns.«

Jesus gibt zur Antwort:

> *»Schon so lange bin ich bei euch, und du hast mich nicht erkannt, Philippus? Wer mich gesehen hat, hat den Vater gesehen ...«*
> (Johannes 14,9)

Wer Jesus sieht, sieht Gott. Wer Jesus anfasst, fasst Gott an. Als Maria das Jesuskind in ihren Armen trug, trug sie Gott in ihren Armen. Das ist die Torheit der Inkarnation, die Jesus sogar noch weiter treibt, wenn er sagt:

> *»Was ihr für einen meiner geringsten Brüder getan habt, das habt ihr mir getan.«*
> (Matthäus 25,40)

Wer einen Gefangenen besucht, einen Nackten bekleidet, einen Fremden aufnimmt, der besucht Gott, bekleidet Gott und nimmt Gott auf. Das ist ein großes Geheimnis!

Wenn wir dieses Geheimnis des Evangeliums erfassen wollen, müssen wir offen und aufmerksam sein. Wir müssen mit unserem ganzen Wesen hinhorchen. Was wir dann zu hören bekommen, übersteigt tatsächlich unser Fassungsvermögen, falls uns nicht der Heilige Geist hilft; der Einzige, der uns wirklich etwas lehren kann, der einzige, der jedes meiner Worte erhellen kann. Es ist der Heilige Geist, mit dessen Hilfe unsere Herzen geöffnet, berührt und genährt werden können.

So wichtig es sein mag, auf meine Worte zu hören, ist es doch noch viel wichtiger, genau auf das Wort Gottes zu achten, wie es sich in jedem und jeder von uns offenbart. Lasst uns sorgfältig auf die Botschaft des Evangeliums horchen, auf die Torheit der Botschaft Gottes und auf den Geist Jesu, der in jedem von uns wohnt.

Gott sprach durch die Worte des Propheten Hosea:

»Siehe, darum will ich sie verlocken. Ich will sie in die Wüste hinausführen und zärtlich zu ihrem Herzen sprechen.«
(Hosea 2,16)

Wir sind vielleicht nicht in der Wüste, aber wir sind alle aus unserem Alltagsleben und unseren üblichen Tätigkeiten hierher gekommen. Für manche von uns mag sich diese Besinnungszeit wie eine Art Wüstenaufenthalt anfühlen. Das ist ein Zeichen, dass Jesus uns ruft, uns führt, uns zieht, damit er zärtlich zu uns sprechen kann, von Herz zu Herz. Jesus spricht nicht nur zum Kopf, zum Verstand eines jeden von uns, sondern er spricht auch zu unserem Herzen, zu unserem tiefsten Selbst. So lasst uns voller Vertrauen unsere Herzen öffnen und alles empfangen, was er uns schenken möchte.

Der Prophet sprach weiter:

»Dann gebe ich ihr dort ihre Weinberge wieder ...«,

was heißt: Ich will ihr zeigen, wie fruchtbar ihr Leben ist,

»und das Achor-Tal mache ich für
sie zum Tor der Hoffnung.«

Ja, wir alle sind berufen, dass unser Leben viel Frucht bringt, denn Jesus möchte, dass wir anderen Leben schenken. Wir finden das schwierig: anderen Leben zu schenken, andere Menschen in ihrer Schwäche zu halten und zu tragen. Oft haben wir vor der Wirklichkeit Angst, denn die Wirklichkeit kann schmerzvoll und eine Quelle der Enttäuschung sein. Wir neigen dazu, in eine Welt voller Illusionen zu fliehen und unsere Zuflucht in Träumen zu suchen. Wir vergraben uns in Ideen und Theorien oder füllen unsere Tage mit Zerstreuungen aus.

Eine Umfrage in den USA ergab, dass die Menschen dort wöchentlich achtundzwanzig bis zweiunddreißig Stunden lang fernsehen! Der Fernsehschirm hat sich an die Stelle der Wirklichkeit gesetzt.

Wir laufen aus unserem »Achor-Tal« davon, dem Ort unserer größten und innersten Not. Aber Gott ruft uns auf, genau dorthin zu gehen, damit aus diesem Tal ein Tor der Hoffnung wird.

Das Achor-Tal lag in der Nähe von Jericho. Es war ein gefährliches Gelände voller Schlangen, Skorpione und aller möglichen wilden Tieren; die Leute hatten vor diesem Tal Angst und versuchten es zu meiden. Aber Gott erklärt, dass dieses Unglückstal zum Tor der Hoffnung werde. Was für ein Geheimnis: ein Geheimnis voller Hoffnung!

In jedem und jeder von uns gibt es ein »Achor-Tal«, denn wir alle kennen Ereignisse oder Verletzungen, an die wir uns nicht erinnern möchten, die wir nicht genauer ins Auge fassen und denen wir nicht mehr näher kommen wollen. Es gibt Menschen und Erfahrungen, die wir zu vermeiden versuchen, weil sie uns zu sehr wehtun und wir uns vor Schmerzen fürchten. Manche Menschen verwirren uns; sie sind »seltsam«, sind »anders«; wir können nicht ertragen, was sie leiden oder welches Leiden sie in uns auslösen. Aber Gott sagt zu uns: Wenn ihr an diese Orte des Leidens geht und euch aufgeschlossen diesen Menschen zuwendet, werden sie für euch zum »Tor der Hoffnung«. Wenn wir uns eng auf die Menschen einlassen, die unsere Gesellschaft nicht haben will, ausschließt und zerdrückt; auf die in Asyle weggesperrten Menschen; dann entdecken wir, dass sie zum »Tor der Hoffnung« werden können. Genauso ist es, wenn wir alles das, was wir in uns ablehnen, an uns herankommen lassen: unsere Blockaden, unsere Bitterkeit, unsere Ängste, all das, wofür wir uns vielleicht schämen. Wenn wir es wagen, mitten in unser inneres »Achor-Tal« vorzudringen, wird es tatsächlich für uns zum Tor der Hoffnung.

Aber das bringen wir nicht allein fertig. Wir müssen dabei Hand in Hand mit Jesus gehen, damit er uns führt und uns das Herz des Evangeliums offenbart.

Erster Tag

»Ich muss heute in deinem Haus zu Gast sein«
(Lukas 19,5)

Gott beruft uns in die Welt der Liebe

Jesus blickt auf unsere Welt von heute, auf unsere riesigen Städte, auf unsere Länder mit allen ihren Spaltungen, ihrer Ungleichheit, ihrem Hass und ihrer Gewalttat und er weint.

Jesus kam in die Welt, um Frieden zu bringen, um alle Menschen zu einem einzigen Leib zusammenzufügen, in dem jeder Mensch seinen Platz hat. Aber wir Menschen haben aus unserer Welt eine Stätte voller Konkurrenzkampf, Wettbewerb, Rivalität, Konflikt und Krieg zwischen Rassen, Religionen, sozialen Klassen und Ländern gemacht. Die Welt ist zu einer Stätte geworden, an der alle das Gefühl haben, sie müssten sich schützen und verteidigen, auch ihre eigene Familie, ihr eigenes Land, ihre eigene Klasse, ihre eigene Religion. Nuklearwaffen, Raketen und Maschinengewehre sind die äußeren, sichtbaren Zeichen unserer inneren, unsichtbaren persönlichen Waffen. Diese holen wir vor, sobald wir uns bedroht, erniedrigt und abgelehnt fühlen oder wenn wir das Gefühl haben, man gebe uns nicht den uns zustehenden Raum; unseren Raum, auf den wir ein Recht haben. Gewalttätigkeit und Hass existieren heute genauso, wie es bereits im Buch Genesis beschrieben wurde:

> *Der Herr sah, dass auf der Erde die Schlechtigkeit des Menschen groß war ...*
> (Genesis 6,5)
>
> *Die Erde war in Gottes Augen verdorben, sie war voller Gewalttat.*
> (Genesis 6,11)

Die gleiche Gewalttätigkeit und Schlechtigkeit erfüllt die Erde auch heute. Der gleiche Prozess von Hass und Spaltung wiederholt sich immer und immer wieder, Tag für Tag, Jahr um Jahr. Genährt wird er von der Angst und Verletzlichkeit des menschlichen Herzens. Denn wenn wir Menschen gewalttätig sind, dann hauptsächlich deshalb, weil wir so verletzlich sind. Gewalttätigkeit ist eine Reaktion auf ein verwundetes Herz, wenn dieses sich missverstanden, abgelehnt, ungeliebt fühlt. Sobald wir die leiseste Ablehnung spüren, reißt diese Wunde wieder auf und unsere Verteidigungsmechanismen kommen in Gang.

Ich entsinne mich an einen Besuch in einem Hochsicherheitsgefängnis in Kingston, Ontario. Ich erzählte dort den Häftlingen von den Menschen, die wir in die Arche aufgenommen hatten, von ihrem Leiden, ihrem Gefühl, gescheitert zu sein, abgelehnt zu werden; von ihrer Niedergeschlagenheit und zuweilen ihrer Selbstverstümmelung. Ich sprach von ihrer zerbrochenen Kindheit. Während ich diese Geschichten über unsere Leute in der Arche erzählte, wusste ich, dass ich ihnen in Wirklichkeit ihre eigene Geschichte erzählte, die Geschichte ihres Lebens, ihrer eigenen Erfahrungen damit, abgestoßen zu werden, zu trauern, unsicher zu sein und zu scheitern.

Am Schluss meines Vortrags stand einer der Häftlinge auf und schrie mir zu: »Sie haben ein leichtes Leben gehabt! Als ich vier war, musste ich mit ansehen, wie meine Mutter vor meinen Augen vergewaltigt wurde! Als ich sieben war, verkaufte mich mein Vater zum Sex. Als ich dreizehn war, kamen die ›Männer in Blau‹ [Polizisten], um mich zu holen. Wenn irgendjemand in dieses Gefängnis hier kommt und von Liebe daherredet, schlage ich ihm seinen verdammten Schädel ein!«

Ich hörte ihm zu, ohne zu wissen, was ich sagen oder tun sollte. Es war mir, als halte er mich gegen eine Wand gedrückt. Ich betete und dann erwiderte ich: »Es stimmt, was sie sagen. Ich habe ein leichtes Leben gehabt! Es stimmt, ich habe keine Ahnung von dem, was sie durchgemacht haben. Aber was ich weiß, ist, dass alles, was sie gesagt haben, wichtig ist. Die Leute außerhalb dieses Gefängnisses richten oft über sie, ohne zu wissen, was sie alles mitgemacht haben; sie kennen ihre Geschichte nicht, ihre Kindheitserfahrungen. Darf ich den Leuten draußen erzählen, was sie mir heute gesagt haben?« Er sagte: »Ja.«

Dann fügte ich hinzu: »Sie haben uns etwas Wichtiges zu sagen. Aber eines Tages kommen sie aus dem Gefängnis heraus. Dann werden sie wahrscheinlich das Leben außerhalb des Gefängnisses wieder kennen lernen und sich einiges darüber anhören müssen.« Ich fragte ihn, ob ich wiederkommen dürfe, wenn ich wieder einmal in der Gegend sei. Und er gab zur Antwort: »Ja.«

Als die Zeit zum Fragenstellen abgelaufen war, ging ich zu diesem Mann hin und schüttelte ihm die Hand. Ich fragte ihn, wie er heiße und woher er komme. Dann kam mir die Inspiration, ihn zu fragen, ob er verheiratet sei, und als er das bejahte, bat ich ihn, mir von seiner Frau zu erzählen.

Der Mann, der derart gewalttätig gewesen war und so gewirkt hatte, als trage er einen ungeheuren Hass in sich, brach in Tränen aus. Er erzählte mir von seiner Frau, die in Montreal lebe, im Rollstuhl. Er habe sie schon zwei Jahre lang nicht mehr gesehen! Ich stand vor einem verwundeten, verletzlichen kleinen Kind, das weinte und förmlich nach Liebe und Zärtlichkeit schrie. Mein Vortrag über unser Bedürfnis nach Liebe, Gemeinschaft der Herzen und Güte – nach all dem, was ihm versagt geblieben war – hatte die tiefe Wunde in seinem Herzen wieder aufgerissen und er hatte das als unerträglich empfunden!

Er lehrte mich etwas Wichtiges: Die Quelle unserer Tränen und Gewalttätigkeit liegt oft tief unterhalb aller Überheblichkeit und Selbstsucht. Tränen und Gewalttätigkeit können Wege sein, um uns vor dem Unerträglichen zu schützen, vor unserer eigenen Verwundbarkeit, vor unserer Angst vor dem Schmerz.

Inmitten aller Gewalttätigkeit und Korruptheit der Welt lädt uns Gott heute ein, neue Stätten des Dazugehörens zu schaffen, Stätten des Teilens, des Friedens und der Güte; Stätten, an denen niemand sich zu verteidigen braucht; Stätten, an denen alle ausnahmslos geliebt und akzeptiert werden, mit all ihrer Gebrechlichkeit und allen ihren Fähigkeiten und Behinderungen. Das ist meine Vision für unsere Kirchen: dass sie zu Stätten des Dazugehörens werden, zu Stätten des Teilens.

Wir sehen, dass zuweilen in unseren Kirchen, unseren christlichen Gemeinschaften genau die gleichen Machtkämpfe vor sich gehen, sich die gleiche Geschichte voller Spaltungen und Konflikte abspielt, weil unsere Kirchen genau wie unsere Gemeinschaften aus gebrochenen, verwundeten Menschen bestehen, aus genau solchen, wie du und ich es sind. Wir alle müssen unablässig immer wieder zur wesentlichen Botschaft Jesu zurückgeführt werden, zur Botschaft der Liebe, zur Botschaft der Seligpreisungen und der Demut. Wir müssen uns auch immer deutlicher dessen bewusst werden, wie viele verschiedene Wege es gibt, um Spaltung herbeizuführen, Wege, auf denen wir andere schlecht machen. Wir müssen unser Bedürfnis erkennen, zu beweisen, dass wir besser sind als andere.

In den 1960er Jahren berief Papst Johannes XXIII. das Zweite Vatikanische Konzil ein. Das war für die katholische Kirche eine Zeit starker Erneuerung. Damals wurden die Kirchenführer daran erinnert, wie wichtig die Einfachheit ist: Jesus brachte seinen Jüngern nicht bei, wie sie »Kirchenfürsten« werden könnten, sondern wie sie einander die Füße waschen sollten.

Während der Kolonisierung von Nord- und Südamerika beschäftigte einige Kolonisatoren die Frage, ob die dortigen

Bewohner volle Menschen seien. Die Theologen diskutierten darüber, ob ein Sklave eine Seele habe. Es brauchte lange, bis die Kirche die Sklavenhaltung verurteilte. Zeigt das nicht deutlich, wie weit wir alle uns von der ursprünglichen Botschaft Jesu entfernt haben?

Im kurz nach dem Tod Jesu geschriebenen Jakobusbrief wird uns erzählt, wie rasch sich die Gemeinschaft der Gläubigen verändert hatte: Die Leute hofierten diejenigen, die in feinen Kleidern daherkamen, während sie die schäbiger Gekleideten anwiesen, in der Versammlung weiter hinten zu bleiben ... (vgl. Jakobus 2,4–9). Jakobus nahm daran wütend Anstoß. War Jesus nicht deshalb gestorben, weil er die Armen und Schwachen in den Mittelpunkt der Gemeinde gestellt hatte? Und jetzt schloss diese gleiche Gemeinde diese Menschen nach und nach immer mehr aus!

In jeder neuen Epoche, in jeder neuen Situation der Armut und Unterdrückung beruft Gott Menschen auf neue Weise; Gottes Ruf ist immer neu und dennoch immer der gleiche. Wir sehen, wie damals, als die Wasser die Erde überfluteten und überschwemmten, Gott Noach herausrief,

> *einen gerechten, untadeligen Mann unter seinen*
> *Zeitgenossen, der seinen Weg mit Gott ging.*
> (Genesis 6,9)

Je stärker wir uns der Gewalttätigkeit und Verderbtheit bewusst werden, die unsere Welt erfüllen, werden wir uns auch dessen bewusst, dass Gott uns beruft, diejenigen bei uns aufzunehmen, die schwach, angeschlagen und unterdrückt sind.

Gott beruft uns, in der Liebe zu wachsen, jeder und jede mit ihrer ganz eigenen Berufung. Der Begriff »Berufung« wurde allzu oft nur auf Ordensleute oder geweihte Priester angewandt. Aber hat nicht jeder und jede von uns eine Berufung? Ergeht nicht an alle ein Ruf von Gott? Ist die Ehe denn keine richtige Berufung? Brauchen denn Eheleute keine eigene Gabe von Gott, um ihr Eheleben in seiner ganzen Fülle verwirklichen zu können? Ist das nicht der Grund, weshalb wir immer wieder des Segens bedürfen und die Sakramente empfangen müssen; weshalb wir uns öffentlich vor anderen zu unserem Engagement bekennen müssen? Haben denn Menschen mit Behinderungen nicht eine ganz eigene Berufung? Paulus erinnert uns sehr nachdrücklich an ihre Berufung:

> *Seht doch auf eure Berufung! ... Das Törichte in der Welt hat Gott erwählt, um die Weisen zu beschämen; das Schwache in der Welt hat Gott erwählt, um das Starke zu beschämen. Und das Niedrige in der Welt und das Verachtete hat Gott erwählt ...*
> (1. Korinther 1,26–28)

Es ist wichtig, um Berufungen zu beten, um *alle* Berufungen! Genau wie Gott Noach herausgerufen hat, so ruft Gott jede und jeden von uns auf unsere ganz eigene Art heraus, um eine »Arche« zu bauen, eine Gemeinschaft der Liebe, in der die Liebe den Hass besiegt, das Einbeziehen das Ausschließen besiegt, das Einssein die Spaltung überwindet. Lasst uns Jesus darum bitten, er möge uns helfen, dass wir alle in unseren Herzen seinen Ruf deutlich hören.

Unseren Ruf erkennen

Gott ruft zu allen Zeiten Männer und Frauen ... auch in unserer Zeit. Wir sollten nicht meinen, dass wir zu unbedeutend, zu unwichtig oder unwürdig seien, als dass Gott uns berufen könnte. Gott wählt nicht die Starken, die Einflussreichsten und die Gebildetsten aus, sondern eher die Schwachen, die Niedrigen, die Bedürftigsten ... Die gesamte Heilige Schrift hindurch bleibt Gottes Wahl immer die gleiche.

Sehen Sie sich die Geschichte Davids an und die Art und Weise, wie er zum König auserwählt wurde (vgl. 1. Samuel 16,1–13). Der Herr schickte Samuel los, um aus den Söhnen Jesses den von Gott Auserwählten herauszufinden und zum König zu salben. Jesse stellte Samuel seine sieben Söhne vor, lauter große, starke, strahlende junge Männer. Der Herr aber hatte keinen von ihnen auserwählt, sondern er gab Samuel ein, Jesse zu fragen, ob er nicht noch weitere Söhne habe. Jesse gab zur Antwort:

> *»Der Jüngste fehlt noch, aber der hütet gerade die Schafe.« ... Samuel nahm das Horn mit dem Öl und salbte diesen mitten unter seinen Brüdern.*

Der Prophet Jeremia konnte nicht recht reden. Mose stotterte. Wenn man nicht reden oder nur stottern kann, tut man sich als Anführer oder Prophet schwer! Seht euch Maria von Magdala an, die in Prostitution verstrickt war. Jesus liebte sie, berief sie und gab ihr im Evangelium einen wichtigen und einmaligen Platz.

Dann gibt es da die Geschichte von der samaritischen Frau (vgl. Johannes 4), dem einzigen Menschen in allen Evangelien, dem Jesus persönlich offenbarte, dass er der Messias sei. Vor den Augen anderer hatte er Wunder vollbracht und das Wort Gottes verkündet, aber nie hatte er jemand anderem offen gesagt, dass er der Messias sei. Den Herzen des Petrus und der Jünger hatte es der Vater offenbart, dass Jesus der Christus sei, der Gesalbte. Und diese samaritische Frau, die diese Offenbarung von Jesus selbst empfing, war nicht einmal Jüdin. Sie gehörte einer Gruppe an, die vom jüdischen Volk als Sekte betrachtet wurde, weil ihre Mitglieder sich von der jüdischen Tradition abgesetzt hatten. Zudem wurde diese Frau nicht nur von den Juden abgelehnt, sondern auch von ihrem eigenen Volk, und sie galt wegen ihrer Lebensweise als Außenseiterin: Sie hatte schon mit fünf verschiedenen Männern zusammengelebt, und der Mann, mit dem sie jetzt zusammen war, war nicht ihr Mann. Diese Frau aus Samaria war eine sehr verwundete, gebrochene Frau voller Schuldgefühle. Sie brachte es nicht fertig, sich auf eine feste Liebesbeziehung einzulassen, weil sie im Tiefsten nicht wusste, dass sie selbst geliebt wurde. Sie hatte vermutlich das Gefühl, dass Gott sie genauso verworfen habe, wie die anderen sie verworfen hatten.

An einer Stelle sagt diese verwundete, gebrochene Frau zu Jesus:

> *»Ich weiß, dass der Messias kommt, das ist der Gesalbte (Christus). Wenn er kommt, wird er uns alles verkünden.«*

Jesus sagte zu ihr:

> *»Ich bin es, ich, der mit dir spricht.«*
> (Johannes 4,25–26)

Gottes Wege sind nicht unsere Wege; Gott wählt anders, als die Gesellschaft wählt: Gott wählt »die Armen, die Schwachen, die Bedürftigen«, diejenigen, die sich ihrer Armut bewusst sind – nicht nur einer materiellen Armut, sondern einer Unfähigkeit, mit dem Leben fertig zu werden, eines Gefühls der Ohnmacht und des Nichtwissens, was sie tun sollen. Eine Mutter, die gerade ein Kind verloren hat, ist »arm«. Eine Frau, deren Mann sie verlassen hat, ist »arm«. Ein Mann, der seine Arbeitsstelle verloren hat, ist »arm«. Das Mädchen, das erfährt, dass es Krebs hat, ist »arm«. Der Mensch, der spürt, dass sein Körper älter und schwächer wird, ist »arm«. Menschen, die vor schwierigen Familienproblemen stehen, sind »arm«.

Das Problem ist, dass wir uns weigern, unsere Schwächen, unsere Bedürfnisse, unsere Armut zuzugeben, weil wir Angst davor haben, abgelehnt zu werden. Uns ist beigebracht worden, wir müssten stark sein, »die Besten« sein, die Gewinner; nur dann könnten wir »jemand« sein. Da die Gesellschaft dazu neigt, die Schwachen an den Rand zu drängen, glauben wir, Schwachsein bedeute, abgelehnt zu werden. So versuchen wir unsere Armut zu verbergen, solange wir das können, und so zu tun, als seien wir stark; wir tun alles, um den Anschein aufrecht zu erhalten, dass wir alles im Griff hätten.

Wir müssen diese leise innere Stimme Gottes hören, die zu uns sagt: *»Du hast es nicht nötig, dir und anderen etwas vorzumachen. Du brauchst deine Schwäche nicht zu verbergen. Du darfst du selbst sein. Ich habe dich nicht dazu in die Arche oder in eine andere Form der Gemeinschaft berufen, damit vor allem du den anderen hilfst oder damit du beweist, dass du großherzig oder tüchtig bist. Ich habe dich berufen, weil du arm bist, genau wie diejenigen, denen zu dienen du gekommen bist, und weil das Reich Gottes den Armen versprochen ist.«*

Gott beruft jeden von uns. Es gibt viele Gründe dafür, weshalb wir zu einer Kirche oder einer Gruppe gehen, aber wir bleiben darin nur engagiert, falls uns aufgeht, dass wir dort sind, weil Gott uns dazu berufen hat. Wir werden ständig enttäuscht oder entmutigt sein, wenn wir in der Gemeinschaft der Schwachheit der Menschen und unserer eigenen Schwachheit begegnen, es sei denn, wir entdecken, dass wir aus dem Grund Mitglieder einer Gemeinschaft geworden sind, weil Gott uns dazu berufen hat, auf diese Weise zu dienen. Unser Dazugehören, unser Engagement ist eine Antwort auf einen Ruf seitens Gottes.

Das ist die Berufung der Claudias und Luisitos unserer Gemeinschaften, die im Herzen unseres Gemeinschaftslebens weilen; das ist die Berufung der Assistenten, die ganz in den Häusern mitleben; das ist die Berufung der Familien, Seelsorger und Mitglieder des Verwaltungsrats, die uns ihren Beistand leisten. Wie immer unsere Rolle in der Gemeinschaft aussehen mag, wir werden unseren Platz erst dann wirklich verstehen und Wurzeln fassen, wenn uns aufgeht, dass wir damit auf einen Ruf

Jesu antworten, der uns auf einen geheimnisvollen Weg des Reifens in der Liebe und im Mitleiden einlädt.

Lasst uns Jesus bitten, er möge uns helfen, unsere Armut zu entdecken, vor ihr keine Angst zu haben und uns ihrer nicht zu schämen und uns unserer Berufung, unserer Sendung immer bewusster zu werden.

In der Treue verwurzelt

Gottes Ruf ist für jeden von uns anders und doch ist es immer der gleiche Ruf. Es ist ein Ruf, in der Liebe, in der Weisheit und in der inneren Freiheit zu wachsen und auf diese Weise stärkere Liebe, mehr Frieden und größere Freiheit in die Welt zu bringen. Haben wir erst einmal unsere Berufung erkannt und unseren Platz gefunden – was Zeit braucht –, dann müssen wir Wurzeln fassen und diesem Ruf treu bleiben.

Jeder Mensch hat beim Aufbau der Gemeinschaft seine besondere Rolle. Jeder muss sein Gefühl dafür, berufen zu sein, vertiefen. Es braucht Zeit, damit sich bestimmte Entscheidungen vertiefen, reifen und Frucht tragen können. Jeder Ruf ist einmalig, aber wir *alle* sind berufen, anderen Leben zu schenken und dieses Leben *gemeinsam*, als Gemeinschaft, zu schenken.

Im Markusevangelium wird uns die Geschichte von einem jungen Mann erzählt, der zu Jesus hinlief, vor ihm auf die Knie fiel und ihn fragte:

> *»Guter Meister, was muss ich tun, um*
> *das ewige Leben zu gewinnen?«*

Jesus erzählte ihm von den Geboten Gottes, worauf der Mann erwiderte, diese habe er von Jugend an gehalten. Dann erzählt uns Markus weiter:

> *»Da sah ihn Jesus voll Liebe an.«*

Stellt euch den Ausdruck in den Augen Jesu vor, als er diesen Mann liebevoll ansah. Hierauf sagte er:

> *»Eines fehlt dir noch: Geh, verkaufe, was du hast, gib das Geld den Armen, und du wirst einen bleibenden Schatz im Himmel haben; dann komm und folge mir nach!«*
> (Markus 10,17–22)

Jesus sagte: *»Komm und sei bei mir. Wir werden den Weg gemeinsam gehen; wir werden Freunde sein. Ich werde dich lehren, wie du mitten in einer Welt voller Gewalt und Ichsucht freundlich, gütig und liebevoll sein kannst. Ich werde dir zeigen, wie du ein Mensch des Friedens werden kannst, ein Mensch der Hoffnung. Fürchte dich nicht, ich werde dir zeigen, wie du leben kannst, damit dein ganzes Leben, dein ganzes Sein zum Zeichen der Frohen Botschaft wird.«*

Markus erzählt uns, dass dieser junge Mann Angst bekam und sich von Jesus abwandte.

Wenn wir Gottes Ruf entdecken und ihn begrüßen, geschieht in uns etwas Wunderschönes: Wir erfahren Gottes Liebe zu uns und in uns eröffnet sich eine ganze neue Welt. Uns geht auch auf, dass das ein sehr anspruchsvoller Ruf ist. Wir werden dazu eingeladen, unsere frühere, vertraute Welt aufzugeben und alles loszulassen, was zu kennen und woran uns zu halten wir gewohnt waren. Dies alles bedeutet einen Verlust.

Wir empfangen etwas Neues, aber zugleich müssen wir etwas anderes loslassen. Wenn eine Frau zu dem Entschluss kommt, einen Mann zu heiraten, sagt sie zu Tausenden anderer Männer Nein! Wenn jemand zu einem langfristigen Engagement in der Arche berufen ist, bedeutet das, dass sie oder er ihre bisherige Lebensweise aufgeben muss, die Freiheit, ihren Tag so zu gestalten, wie sie will, den Umgang mit ihren Freunden usw.

Mit der Berufung sind untrennbar Trauer und Verlust verbunden. Wer den Ruf annehmen würde, aber nicht den Verlust, müsste in einem dauernden Widerspruch leben. Wenn man eine Entscheidung trifft – zum Beispiel die, in der Arche zu leben –, aber die Konsequenzen seiner Entscheidung nicht voll und ganz annimmt, führt das in starke Spannung und Erschöpfung. Man tut sich dann ständig selber leid, bedauert, dass man kein höheres Gehalt hat, keine kürzere Arbeitszeit usw.

Da gibt es den Ruf und da gibt es den Verlust. Aber wer mag schon den Verlust? Als ich vor über fünfzig Jahren aus der Marine ausschied, verkaufte ich alles, was ich besaß – was nicht viel war –, und gab es den Armen. Heute habe ich nicht viel, das ich verkaufen könnte, und ich bezweifle, dass jemand das haben möchte, was ich habe. Aber der Ruf und der Verlust gehen weiter. Heute bin ich berufen, andere Dinge loszulassen: Einstellungen, Ängste, Vorurteile, Sicherheiten, Gewissheiten, das Bedürfnis, alles im Griff zu haben ... Es gibt ein tägliches »Loslassen«, denn tagtäglich ruft mich Jesus auf, liebevoller und einfühlsamer zu werden, den Menschen noch präsenter zu sein, noch mehr ein Kind Gottes zu sein, noch freier von aller Angst zu werden.

Im Lukasevangelium gibt es eine weitere Geschichte über eine Berufung. Das ist die Geschichte von Zachäus (Lukas 19,1–10). Zachäus war ein Mann, der darunter litt, körperlich so klein zu sein, dass er immer, wenn er in einer Menge stand, nichts sehen konnte, selbst wenn er sich auf seine Zehenspitzen stellte. Das war nicht sein einziges Problem. Er war auch ein reicher Steuereintreiber, und dieser Beruf machte ihn bei den anderen, den »echten« Juden, ziemlich unbeliebt. Steuereintreiber kassierten Steuern *von* der jüdischen Bevölkerung *für* die römischen Besatzer. Deshalb wurden sie als Kollaborateure, ja sogar als Verräter betrachtet, und tatsächlich zogen sie aus der Besatzung durch die Römer ihren Nutzen. Oft zogen sie mehr Geld ein, als erforderlich war, um es in die eigene Tasche zu stecken.

Und so war da also Zachäus, ein reicher Zolleintreiber und Kollaborateur mit den Römern, dem seine Mitjuden nicht über den Weg trauten, ja den sie verachteten. Er hatte gehört, dass Jesus komme, und er wollte sehen, wer dieser Jesus war. Aber Zachäus konnte wegen der Volksmenge nichts sehen.

Darum lief er voraus und stieg auf einen Maulbeerfeigenbaum, um Jesus zu sehen.

Jesus hat da sicher schmunzeln müssen. Man stelle sich einen so wichtigen Mann wie den Oberzöllner hoch auf dem Ast eines Baumes sitzend vor! Jesus sah zu ihm hinauf und sagte:

»Zachäus, komm schnell herunter. Denn ich muss heute in deinem Haus zu Gast sein!«

Zachäus muss verblüfft gewesen sein und seine Frau wird ihm das gar nicht geglaubt haben, als er es ihr erzählte. Vielleicht war sie sogar wütend, denn weder sie noch das Haus waren für einen solchen Besuch hergerichtet! Im Haus war es vielleicht nicht aufgeräumt, die Kinder waren womöglich schmutzig, und jedenfalls war das Essen nicht fertig! Und man kann sich auch die Überraschung und Wut der religiösen Autoritäten von Jericho vorstellen, die der Meinung gewesen waren, eigentlich hätte Jesus doch *sie* mit seinem Besuch beehren müssen. Die Wahl Jesu, das Haus eines Verräters aufzusuchen, verletzte und empörte sie. Die Welt war auf den Kopf gestellt.

Jesus handelt oft so. Er stellt unsere Welt der eigenen Wichtigkeiten, Ehren und herkömmlichen Tugenden auf den Kopf. Er bringt die etablierte Ordnung der Dinge durcheinander und ersetzt sie durch eine neue Ordnung. So ging Jesus ins Haus von Zachäus. Er wies ihn nicht an, alles, was er hatte, zu verkaufen und ihm nachzufolgen, sondern er sagte nur:

»Ich muss heute in deinem Haus zu Gast sein!«

Zu dem reichen jungen Mann hatte Jesus gesagt:

> *»Geh, verkaufe, was du hast, gib das Geld den Armen; dann komm und folge mir nach!«*

Zu Zachäus sagt er:

> *»Ich muss heute in deinem Haus zu Gast sein!«*

Beide Aufforderungen sind anspruchsvoll; keine lässt sich im Leben so leicht verwirklichen. Die Menschen ziehen es oft vor, Jesus in den Kirchen und Gottesdienststätten zu halten, wohin sie gehen und ihn von Zeit zu Zeit besuchen können, sooft ihnen danach ist oder falls sie das Bedürfnis dazu haben. Aber Jesus bei sich im Haus zu beherbergen – womit auch das Haus des Herzens gemeint ist –, das ist schwerer zu akzeptieren!

Wenn wir Jesus in unser »Haus« aufnehmen, verwandelt er uns und unsere Lebensart. Wir wissen, dass Menschen in ein und demselben Haus sein und trotzdem ihr Leben nicht miteinander teilen können. Es gibt eine Art von *modus vivendi*, die ihnen in Wirklichkeit hilft, einander nicht zu begegnen, sondern einander aus dem Weg zu gehen.

Frauen können ganz in ihren eigenen Beschäftigungen im Haus oder mit Freundinnen aufgehen; Männer können sich hinter ihrer Zeitung, dem Fernseher oder ihren Problemen bei der Arbeit verstecken. Jesus weist die gute Hausfrau an, nicht nur pausenlos alles in Ordnung zu bringen, sondern sich auch hinzusetzen und ihren Kindern zuzuhören und *Zeit* mit ihnen zu verbringen. Jesus sagt dem Mann, dem typischen Workaholic, dass seine oberste Priorität nicht der Fernseher ist, sondern seine Frau und seine Kinder.

Zuweilen wissen Männer gar nicht richtig, was es heißt, Vater zu sein. Sie meinen, es genüge, wenn sie für das materielle Wohl ihrer Kinder sorgen und ihnen sagen, was sie aus ihrem Leben machen sollen. Ein Vater ist mehr als das: Vater zu sein bedeutet, seine Kinder zu lieben, auf sie zu hören, sie zu achten und ihr Reiferwerden zu fördern, sie zu beschützen, ihnen zu vertrauen und ihre Intuitionen ernst zu nehmen, ihnen zu helfen, sich selbst zu entfalten. Vatersein ist genau wie Muttersein eine ganz wunderschöne Berufung, aber auch eine anspruchsvolle. Es ist ein Ruf von Gott, der kommen und »in unserem Haus Gast sein« möchte.

Nehmen wir uns stille Zeit, um auf Gottes Ruf zu horchen und zu hören, wie Gott uns bei unserem Namen ruft. Lasst uns unsere erste Liebe wiederentdecken, unseren ersten Ruf neu beleben, unser erstes »Ja« zu Jesus, oder vielleicht zum ersten Mal Jesu Ruf hören, wir sollten ihm folgen, ihn lieben, ihn »in unser Haus« einladen, in unser Herz.

Zweiter Tag

»Du bist in meinen Augen teuer und wertvoll und ich liebe dich«
(Jesaja 34,4)

Gott liebt uns

Der Herr sprach durch den Propheten Hosea:

> *»Ich will sie verlocken, in die Wüste hinausführen*
> *und zärtlich zu ihrem Herzen sprechen.«*
> (Hosea 2,16)

Die Wüste kann Angst machen, denn wir fühlen uns darin so allein, fern unserer gewohnten Sicherheit, unseren Freunden, Tätigkeiten und Vorhaben. Wir fühlen uns ohnmächtig, so als seien wir in eine große Leere geraten. Aber genau da, an diesem Ort der Armut, begegnet uns Gott und spricht zu unserem Herzen. Im Buch Hosea heißt es weiter:

> *»Sie wird mir dorthin bereitwillig folgen wie in den Tagen*
> *ihrer Jugend, wie damals, als sie aus Ägypten heraufzog.«*
> (Hosea 2,17)

Ehepaare erinnern sich eine Zeit lang an die frohen Zeiten ihrer Verlobung, ihrer Heirat und ihrer Flitterwochen. Aber wenn die Jahre verstreichen und die Routine einzieht, vergessen sie diese oft. Wir erinnern uns an unsere erste Begegnung mit Jesus, die uns etliche Zeit lang präsent bleibt, aber dann vergessen wir sie auch. Viele erinnern sich auch oft an die Freude, mit der sie zum ersten Mal mit der Arche in Kontakt kamen, aber mit der Zeit und den tagtäglichen Aufgaben vergessen sie sie. Die Jahre vergehen, und wir stumpfen allmählich ab und alles kommt uns immer grauer vor. Aber der Herr sagt:

> *»Sie wird mir ... bereitwillig folgen wie*
> *in den Tagen ihrer Jugend.«*

Das heißt mit anderen Worten: »Du wirst dich an den Geschmack der Freude erinnern, die du verkostet hast, als du jung warst ...« Wir können uns die Freude der Israeliten vorstellen, als sie nach all diesen Jahren der Sklaverei in Ägypten sahen, wie sich das Meer vor ihnen auftat. Plötzlich ging ihnen auf, dass sie wirklich frei waren, befreit vom Joch der Sklaverei! Sogar noch größer als die Freude über ihre Befreiung war die Freude, zu erleben, dass während ihres ganzen Weges Gott über sie gewacht, sie geleitet und geführt hatte. Sie waren wahrhaftig Gottes Volk.

Uns allen wurden schon ähnliche Erfahrungen zuteil, als wir das Gefühl gehabt hatten, in einer ausweglosen Situation zu sein und wie vor einer Wand zu stehen, und als dann plötzlich ein Durchbruch kam. Wir sind uns nicht recht im Klaren, wie das zustande kam, aber es kam zustande. Wir waren frei, weiterzugehen, vorwärts zu kommen.

Im Netzwerk der Arche sind gewöhnlich immer zehn bis zwanzig Prozent der Gemeinschaften gleichzeitig in einer Krise. Gemeinschaften machen Zeiten voller Spannungen, Konflikte und Zusammenbrüche durch. Wenn wir die Krise meistern, freuen wir uns und sind dankbar, aber später können wir allzu leicht vergessen, wie wir gerettet wurden.

Die Israeliten vergaßen die Art und Weise, wie sie befreit worden waren. Als Wasser und Nahrungsmittel knapp wurden und der Weg vor ihnen ungangbar zu sein schien, verloren sie ihre Gewissheit, dass Gott sie führe, und sie fingen an, zu murren, zu zweifeln und sich zu beschweren.

Auch wir in der Arche können anfangen, zu murren, zu zweifeln und uns zu beschweren, wenn wir vor scheinbar aussichtslosen Situationen stehen. Aber wir wissen:

> *»Für Gott ist nichts unmöglich.«*
> (Lukas 1,37)

Zu Krisen kommt es immer wieder, so als seien sie geradezu notwendig, um uns dazu zu bringen, dass wir uns wieder Gott zuwenden und zu ihm um Hilfe rufen. Dann schenkt uns Gott wieder neu die Freuden der Anfänge und die Gewissheit, dass er uns in Treue nahe bleibt und uns führt und mit uns geht. Darum sagt der Herr:

> *»Ich lasse die Namen der Baale aus*
> *ihrem Mund verschwinden«*
> (Hosea 2,19),

was heißt: »Ich nehme euch alles das aus den Händen, was für euch zu einer Art von Götzen geworden ist, alle die Dinge, die ihr anstelle von Gott anbetet: die Dinge, die viel zu große Wichtigkeit angenommen haben, wie etwa Geld, Effizienz, Know-how, Ansehen und sogar Freundschaft und Gemeinschaft. Ihr habt euer Vertrauen darauf verlegt statt auf mich.«

Und der Herr sagt weiter durch Hosea:

> *»Ich schließe für euch an jenem Tag einen Bund mit den*
> *Tieren des Feldes und den Vögeln des Himmels und mit*
> *allem, was auf dem Erdboden kriecht. Ich zerbreche*
> *Bogen und Schwert, es gibt keinen Krieg mehr im*
> *Land, ich lasse euch Ruhe und Sicherheit finden.«*
> (Hosea 2,20)

Wir entdecken die Schönheit und die Tiefen des Bundes zwischen Gott und jedem von uns oder entdecken sie neu: dass es wahr ist, dass wir geliebt und beschützt sind, dass wir Kinder Gottes sind und dass Gott uns den Frieden versprochen hat. Zwar scheint unsere Welt sehr weit von dieser Vision des Hosea entfernt zu sein, aber in unseren Gemeinschaften und Familien können wir miteinander leben und arbeiten, so dass dort die Rivalität aufhört, der Konkurrenzkampf, der Krieg. Wir können versuchen, Stätten zu schaffen, an denen die Schwerter und Bögen abgeschafft sind, Stätten, an denen sich jeder für das Wohl des Ganzen einsetzt. Es ist wunderschön, Familien und Gemeinschaften zu sehen, die wie ein Leib geworden sind, wo jedes Glied so, wie es ist, geliebt und geachtet wird.

> *»Ich traue mich dir an auf ewig; ich traue mich dir an um den Brautpreis von Gerechtigkeit und Recht, von Liebe und Erbarmen. Ich traue mich dir an um den Brautpreis meiner Treue: Dann wirst du den Herrn erkennen.«*
> (Hosea 2,21–22)

Das ist das abschließende Versprechen, das Gott mit den Worten begann:

> *»Ich will sie verlocken, in die Wüste hinausführen«,*

und das mit einer Vermählung, einem Bund, einer Vereinigung mit Gott endet.

> *»Dann wirst du den Herrn erkennen«:*

Damit ist kein intellektuelles Erkennen gemeint, sondern ein Erkennen, das aus einer persönlichen Erfahrung der Gegenwart Gottes stammt, einer intimen Gegenwart wie derjenigen zwischen einem Mann und seiner Frau. Gott erkennen heißt, in Gott leben und Gott in uns leben lassen, so dass unsere Herzen im Einklang schlagen und wir die gleichen Wünsche, die gleichen Sehnsüchte, die gleichen Prioritäten wie Gott haben. Diese persönliche Erfahrung der Liebe Gottes zu uns schenkt uns eine neue innere Stärke; das ist die Gegenwart des Heiligen Geistes, der in uns wohnt und durch uns wirkt.

Ich entsinne mich eines Briefes von einer Jugendlichen, in dem diese mir schrieb, sie habe noch nie gespürt, dass jemand sie liebe. Während ihrer Kindheit habe sie den Eindruck gehabt, ihre Empfängnis sei ein Versehen gewesen. Niemand habe sie wirklich gewollt. Ihre Eltern hätten immer wieder voller Stolz von ihren Geschwistern gesprochen, aber nie von ihr; es sei gewesen, als gebe es sie gar nicht. In der Schule habe sie keine Freundinnen gehabt. Dies alles habe in ihr zu einer bleibenden Wunde geführt, die ihr ganzes junges Leben lang nie verheilt sei. Sie sei der Überzeugung gewesen, kein Mann könne sie je lieben oder begehren.

Dann heißt es in ihrem Brief weiter: »Eines Tages machte ich einen Spaziergang im Wald und setzte mich unter einem Baum hin, und plötzlich erfüllte mich die Gewissheit, dass Gott mich liebt.« Plötzlich sei etwas in ihr erwacht; ihr sei aufgegangen, dass sie in den Augen Gottes kostbar und wichtig ist. Das war eine starke Erfahrung, die ihr Leben von Grund auf veränderte; und trotzdem hatte sich nichts geändert.

Es ist wichtig, wahrzunehmen, wie unsere Erfahrung der Liebe Gottes unser ganzes Leben verändert – und sich trotzdem nichts ändert: Wir bleiben die Frucht unseres bisherigen Lebens, die Gesamtsumme alles dessen, was wir vom Augenblick unserer Empfängnis an gelebt haben. Jeder Mensch, jedes Ereignis ist tief in unser Wesen eingegraben; selbst wenn unser Erinnerungsvermögen etwas nicht mehr weiß, erinnert sich doch noch unser Körper daran.

Unser Körper, unser ganzes Wesen trägt an sich die Abdrücke jeder Geste der Güte und Zärtlichkeit, aber auch jeder Wunde, jedes Gefühls, abgelehnt zu werden, jedes Worts und jeder Geste, die uns den Eindruck gaben, wir seien geliebt oder ungeliebt oder wir seien schuldig. Dieses Schuldgefühl steckt tief in uns allen.

Wenn ein Kind zum ersten Mal fühlt, dass man es ablehnt, wird das Herz dieses Kindes verwundet – vielleicht einfach deshalb, weil niemand ihm zuhört oder weil seine Mutter zu müde oder zu sehr mit den anderen Kindern beschäftigt ist. Das Kind versteht das nicht. Aus dieser Wunde entsteht das Gefühl, ungeliebt zu sein, und folglich das Gefühl, nicht liebenswert zu sein. Wenn das Kind abgelehnt wird, dann meint es, das sei deshalb, weil es schuldig sei; weil es nicht gut sei.

Dieses Schuldgefühl kann uns innerlich lähmen, unser Selbstvertrauen zerstören und Zweifel und Misstrauen gegen uns selbst und andere aufkommen lassen. Es kann unser Leben und Handeln beherrschen, selbst wenn wir das gar nicht merken.

Unser Leben wird auch von all den Gnaden geprägt und geformt, die wir empfangen oder abgelehnt haben; von allen Gesten der Liebe und auch von allen Akten des Hasses oder der Gleichgültigkeit; von unseren Erfolgen und auch unserem Versagen. Absolut alles ist unserem Wesen eingeprägt.

Aus diesem Grund verändert die Erfahrung, von Gott geliebt zu sein, unser Leben nicht vollständig, aber etwas ändert sich doch, wenn uns aufgeht, dass Gott uns genau so liebt, wie wir sind, und nicht, wie wir gern wären oder wie uns unsere Eltern oder Gesellschaft gern hätten.

Gott liebt uns *heute* mit unseren Gaben und Eigenschaften und auch Mängeln und Anfälligkeiten. Falls wir den Eindruck haben, andere Menschen seien von uns enttäuscht, weil wir nicht ihren Erwartungen entsprechen; falls eine Kluft zu sein scheint zwischen der Art, wie uns die anderen sehen, und dem, wie wir wirklich sind; zwischen dem, wovon wir meinen, wir brächten es fertig, und dem, was wir tatsächlich fertig bringen, dann müssen wir darauf kommen, dass Gott von uns nie enttäuscht ist. Gott kennt uns; Gott kennt unsere Fähigkeiten und unsere Behinderungen; Gott weiß, dass wir eine Mischung aus Licht und Schatten sind. Andere mögen enttäuscht sein, weil sie ein Idealbild von uns haben, aber so ist Gott nicht, der mich heute genau so kennt, wie ich bin. Gott lebt nicht in der Vergangenheit oder Zukunft, sondern im »Jetzt« des gegenwärtigen Augenblicks. Gott sieht mich in meiner gegenwärtigen Wirklichkeit, so wie ich in jedem gegenwärtigen Augenblick bin.

Vor einigen Jahren hielt ich vor einer Gruppe von Ordensschwestern in England einen Vortrag. Eine der Schwestern unterbrach mich immer wieder bei meinen Ausführungen, was mir lästig war. Noch lästiger war es den anderen Schwestern. Nach dem Ende meines Vortrags bat sie mich um ein Gespräch.

Sie erklärte mir: »Wissen Sie, ich bin ein schwieriger Mensch.« (Das hatte ich ja schon gemerkt!) Und sie fuhr fort: »Kein Mann hätte mich je haben wollen.« (Das hatte ich bei mir auch schon gedacht!) »Aber«, sagte sie weiter, »Gott hat mich auserwählt mit allem, was ich bin, genau wie ich bin.« Hinter ihrem ganzen schwierigen Verhalten entdeckte ich ein kleines, demütiges, von Gott geliebtes Kind. Die Erfahrung der Liebe Gottes, das Wissen, dass Gott von uns nicht enttäuscht ist, sondern jeden von uns aufruft, in der Liebe zu wachsen, und zwar heute ... das ist ein großes Geheimnis.

Wir neigen zu denken, dass es für Gott unmöglich ist, uns so zu berufen und zu lieben, wie wir heute sind. Wir haben das Gefühl, dass wir nicht gut genug sind, dass wir dieser Liebe ganz und gar nicht wert sind. Doch wenn wir genau hinhören, ruft uns Gott ständig in Erinnerung: *»Ich liebe dich genau so, wie du bist, und ich rufe dir heute zu: ›Komm und sei bei mir.‹ Du magst zuweilen untreu gewesen sein und mich vergessen haben; aus diesem Grund führe ich dich noch einmal in die Wüste, damit du begreifen kannst, wie sehr ich dich liebe, und zwar so, dass du mich erkennen kannst.«*

Nehmen wir uns Zeit dafür, auf Gott zu horchen. Vielleicht können wir uns einfach in der Nähe eines Baumes hinsetzen, wie das Mädchen, das mir von ihrem Spaziergang im Wald geschrieben hatte, und hören, wie Gott zu uns sagt: *»Du bist geliebt. Du bist in meinen Augen kostbar. Ich liebe dich.«*

Zum Freund der Schwachen und an den Rand Gedrängten werden

Gott zu erkennen heißt, die Geheimnisse Gottes zu erkennen. Jesus zu erkennen heißt, die Geheimnisse, den Durst seines Herzens zu erkennen. Der heilige Gregor der Große erklärt uns in seinem Kommentar zu den letzten Worten Jesu am Kreuz, mit dem »mich dürstet« sage uns Jesus, dass er »danach dürste, dass wir nach ihm dürsten«. Jesus ist darauf angewiesen, dass wir nach ihm dürsten, damit er seine Liebe an uns weitergeben kann.

Eine der größten Sehnsüchte im Herzen Jesu ist die Sehnsucht nach dem Einssein. Lasst uns immer wieder den Schluss des 17. Kapitels im Johannesevangelium lesen. Darin stehen die letzten Worte Jesu über die Gemeinschaft; es ist seine abschließende Aussage über das Gemeinschaftsleben und er offenbart darin, wonach er sich im Tiefsten seines Herzens sehnt.

> *»Ich bitte nicht nur für diese hier, sondern auch für alle, die durch ihr Wort an mich glauben. Alle sollen eins sein: Wie du, Vater, in mir bist und ich in dir bin, sollen auch sie in uns sein, damit die Welt glaubt, dass du mich gesandt hast. Und ich habe ihnen die Herrlichkeit gegeben, die du mir gegeben hast; denn sie sollen eins sein, wie wir eins sind, ich in ihnen und du in mir. So sollen sie vollendet sein in der Einheit, damit die Welt erkennt, dass du mich gesandt hast und die Meinen ebenso geliebt hast wie mich. Vater, ich will, dass alle, die du mir gegeben hast, dort bei mir sind, wo ich bin. Sie sollen meine Herrlichkeit*

> *sehen, die du mir gegeben hast, weil du mich schon geliebt hast vor der Erschaffung der Welt. Gerechter Vater, die Welt hat dich nicht erkannt, ich aber habe dich erkannt und sie haben erkannt, dass du mich gesandt hast. Ich habe ihnen deinen Namen bekannt gemacht und werde ihn bekannt machen, damit die Liebe, mit der du mich geliebt hast, in ihnen ist und damit ich in ihnen bin.«*
> (Johannes 17,20–26)

Mich berührt es immer wieder, wenn ich sehe, wie Jesus Einssein und Glauben miteinander verknüpft:

> *»Alle sollen eins sein: … damit die Welt glaubt.«*

Wenn die Christen eins sind, wird ihnen das zum Glauben helfen. Uneinssein ist ein Hindernis für den Glauben, ganz gleich, ob sich Einzelne, Gruppen oder Kirchen untereinander uneins sind. Wenn sie uneins sind, hindert das die Menschen daran, an die Botschaft Jesu zu glauben. Unsere Welt ist voller Spaltungen und Uneinssein und falls wir nicht aufpassen, sickert das auch in unsere Gemeinschaften ein. Sooft wir es zulassen, dass sich Schranken aufrichten, die uns von anderen trennen, können wir nicht mehr mit ihnen in Kontakt treten. Sooft wir manche Menschen akzeptieren und andere ablehnen, richten wir Schranken auf. Wir müssen den Heiligen Geist bitten, er möge uns helfen, diese Schranken aufzuheben, denn sonst bleiben wir in der Logik der Angst und Ausschließung eingesperrt und werden innerhalb unserer eigenen Gemeinschaft zu Auslösern des Uneinsseins. Jesus dürstet nach Einssein und ruft uns alle zum Einssein auf.

Gesellschaften sind im Allgemeinen wie Pyramiden aufgebaut; sie beruhen auf Machthierarchien: An der Spitze gibt es einige wenige Reiche und Mächtige, unten eine große Zahl von schwachen und an den Rand gedrängten Menschen; und dazwischen gibt es verschiedene mehr oder weniger klar umschriebene Kategorien. Ganz unten – vielleicht sogar außerhalb der

Grenzen der Pyramide – befinden sich alle diejenigen, die aus dem einen oder anderen Grund abgelehnt werden.

In Indien gibt es ganz unten die »kastenlose« Stammesbevölkerung – das sind rund 50 Millionen Menschen! In den USA gibt es eine große Anzahl von Immigranten aus jüngster Zeit, die außerhalb der Grenzen der Pyramide leben. In Frankreich oder Irland sind es die Menschen ohne festen Wohnsitz, die »Zigeuner«, die »sans papiers«, also diejenigen ohne gültigen Pass und folglich ohne legalen Status. In jeder Gesellschaft gibt es Menschengruppen, die von allen anderen abgelehnt werden.

Außerhalb der Pyramide findet man auch Menschen mit geistigen Behinderungen, die man oft als »nicht voll menschlich« einstuft und folglich schon vor der Geburt abtreibt oder nach der Geburt »wegsperrt«. Die entsprechenden Gewohnheiten und Einstellungen mögen von Gesellschaft zu Gesellschaft verschieden sein, aber in jeder Kultur werden die Menschen mit geistigen Behinderungen abgelehnt und an den Rand geschoben. In manchen afrikanischen Ländern werden sie »Schlangenkinder« genannt, weil man sie den Schlangen zurückgeben sollte. Folglich setzt man sie im Busch aus, wie etwa Innocente, den wir in die Arche Bouaké im Land Elfenbeinküste aufnahmen. In China werden Menschen mit Behinderungen oft als Strafe Gottes angesehen. Sich um sie zu kümmern, heißt dort, gegen den Willen Gottes zu verstoßen. In den antiken Kulturen, etwa bei den Spartanern, Griechen und Römern wurden Kinder, die mit einer Behinderung zur Welt kamen, getötet. Viele werden auch heute noch getötet. Ich habe schon sehr oft Menschen sagen hören, es sei eine Zeitverschwendung, wenn wir in der Arche uns mit »solchen Menschen« abgäben! Oder oft wurden Assistenten der Arche schon sehr bewundert, was ja indirekt heißt, dass man ein besonderer, ein ausnahmsweise hingebungsvoller Mensch sein müsse, wenn man mit »solchen Menschen« zusammenleben kann.

Es gibt natürlich auch andere Einstellungen. Eines Tages saß ich mit einer guten Bekannten und deren Sohn, der eine deutlich sichtbare Behinderung hatte, in Frankreich in einem Bahnhof.

Ein Bahnhofswärter, der aus Kabylien in Algerien stammte, kam her und fragte sie: »Ist das ihr Sohn?« Als sie das bejahte, sagte er zu ihr: »Da haben sie Glück. Wenn in meinem Dorf eine Familie ein solches Kind wie das Ihre bekommt, wissen wir, dass diese Familie von Allah gesegnet ist.«

Vor einigen Jahren hielt ich vor Eltern von Schülern einer von der Arche in Ouagadougou (im westafrikanischen Burkina Faso) geführten Schule einen Vortrag. Ich sagte darin: »Manche sagen vielleicht, eure Kinder seien verrückt, und viele verachten sie vielleicht oder haben wegen ihrer Behinderungen vor ihnen Angst. Aber wisst ihr, dass euer Kind ein von Gott geliebtes Kind ist? Gott heißt alle, die von anderen abgelehnt werden, ganz besonders bei sich willkommen. In Gottes Augen sind sie ein Schatz.« Unter den Anwesenden war ein älterer Muslim mit langem Bart und wunderschönem Gesicht. Er war mir schon aufgefallen, vor allem wegen seiner Art, wie er mit seinem schwer behinderten Kind spielte. Dieser Mann meldete sich mit erhobener Hand, um sich bei mir zu bedanken: »Noch nie hat uns jemand gesagt, dass Gott unsere Kinder besonders liebt.« Ich konnte förmlich spüren, welche Last sich vom Herzen dieses Mannes löste. Ich sagte zu ihm: »Ich sehe ihr Gesicht, das Gesicht eines weisen Menschen. Ich spüre Gottes Gegenwart in ihnen. Viele Väter brauchen jemanden wie sie, der ihnen helfen kann, ihr Kind besser zu verstehen.«

Behinderte Menschen können ein Paradox sein. Zuweilen wissen wir nicht recht, wer sie sind und wie wir auf sie reagieren sollen. Ihre Gegenwart verpflichtet uns dazu, uns unser eigenes Leben genauer anzusehen und gründlicher darüber nachzudenken, was wirklich wichtig ist. Uns geht auf, dass unser gemeinsames Leben mit ihnen in der Arche etwas Kostbares ist. Uns wurde ein Geheimnis anvertraut. Menschen mit Behinderungen sind ein Zeichen, eine Form der Gegenwart Jesu und ein Aufruf, eins zu werden. Die Schwachen und Armen sind für uns eine Quelle des Einsseins. Jesus kam in die Welt, um die Welt zu verändern und die Gesellschaft umzuformen: Aus der »Pyramide«, in der die an der Spitze befindlichen Starken und Cleveren alles beherrschen, soll ein »Leib« werden, in dem jedes Glied der Gesellschaft seinen Platz hat, geachtet wird und wichtig ist. In seinem ersten Brief an die Gemeinde von Korinth spricht Paulus von der Kirche als Leib, der aus ganz verschiedenen Gliedern besteht. Jedes von ihnen ist wichtig, nicht nur wegen seiner Funktion und wegen des Umstands, dass jedes einmalig und unersetzbar ist, sondern auch deshalb, weil der ganze Leib leidet, wenn ein Glied leidet.

> *»Das Auge kann nicht zur Hand sagen: Ich bin nicht auf dich angewiesen. Der Kopf kann nicht zu den Füßen sagen: Ich brauche euch nicht. Im Gegenteil, gerade die schwächer scheinenden Glieder des Leibes sind unentbehrlich. Denen, die wir für weniger edel ansehen, erweisen wir umso mehr Ehre und unseren weniger anständigen Gliedern begegnen wir mit mehr Anstand, während die anständigen das nicht nötig haben. Gott aber hat den Leib so zusammengefügt, dass er dem geringsten Glied mehr Ehre zukommen ließ, damit im Leib kein Zwiespalt entstehe, sondern alle Glieder einträchtig füreinander sorgen.«*
> (1. Korinther 12,21–25)

Das Gleiche gilt für den Leib der Menschheit: Jedes Glied daran ist anders, jedes ist wichtig, aber trotzdem gibt es Glieder dieses Leibes, die wir zu verbergen neigen. Welche Glieder sind das? Ich glaube, wenn er sagte, sie seien »unentbehrlich« und verdienten »umso mehr Ehre«, bezog er sich dabei besonders auf Menschen mit Behinderungen. Sie sind so oft schwach und werden versteckt. Wenn wir die Nähe zu Menschen pflegen, die schwach und gebrochen sind, wird aus der Pyramide nach und nach ein Leib und wir werden dank dieser Menschen im Einssein leben können.

Absteigen, um Jesus zu begegnen

In seinem Brief an die Gemeinde von Philippi in Griechenland beginnt Paulus einen Abschnitt so:

> *Wenn es also Ermahnung in Christus gibt,*
> *Zuspruch aus Liebe, eine Gemeinschaft des Geistes,*
> *herzliche Zuneigung und Erbarmen ...*
> (Philipper 2,1)

Man kann daraus die tiefe Liebe von Paulus für die Philipper spüren. Sie waren die erste Menschengruppe in Europa, denen er die Frohe Botschaft gebracht hatte. Er war dieser Gemeinde ganz besonders herzlich verbunden, und vor allem »Lydia«, die ihn als eine der ersten in Philippi willkommen geheißen hatte. Die Philipper unterstützten Paulus regelmäßig bei allen seinen Reisen. Das hatte zwischen ihm und der Gemeinde ein enges Band geknüpft. Paulus ermahnt sie zum Einssein; sie sollen fest zusammenhalten:

> *»... macht meine Freude dadurch vollkommen, dass ihr eines Sinnes seid, einander in Liebe verbunden, einmütig und einträchtig, dass ihr nichts aus Ehrgeiz und nichts aus Prahlerei tut. Sondern in Demut schätze einer den andern höher ein als sich selbst. Jeder achte nicht nur auf das eigene Wohl, sondern auch auf das der anderen.«*
> (Philipper 2,2–4)

Das ist der Aufruf, der sehnliche Wunsch aus dem Herzen eines Vaters, des Gründungsvaters der Gemeinde, der weiß, dass Einssein Leben bringt und Uneinssein in den Tod führt. Das Herz von Paulus war genau wie das Herz von Jesus voller Liebe zum Einssein, voller Sehnsucht nach Einheit.

Dann folgen die erstaunlichen Worte von Paulus, mit denen er uns ganz klar sagt, wie wir zur Quelle des Einsseins werden können.

> *»Habt die gleiche innere Einstellung, die gleichen Empfindungen, wie sie Christus Jesus hatte ...«*

Und er beschreibt dann diese »innere Einstellung«, diese »Empfindungen« genauer:

> *»Obwohl er Gott gleich war, hielt er das Gleichsein mit Gott nicht für etwas, an das er sich klammern müsse, sondern er wurde ganz leer, nahm die Gestalt eines Sklaven an und wurde wie ein Mensch geboren.«*
> (Philipper 2,6–7)

Jesus versuchte nicht, sich seinen Status als Gott zu bewahren, sondern ließ es zu, dass er davon entblößt und leer gemacht wurde und Mensch wurde, so dass man ihn sehen, anfassen, hören konnte. Er wurde ein menschliches Wesen wie wir, war in seinem Menschsein ein Bruder von uns allen.

> *»Sein Leben war das eines Menschen. Und er stieg ganz tief ab und wurde gehorsam bis zum Tod, sogar bis zum Tod an einem Kreuz.«*
> (Philipper 2,8)

Paulus beschreibt also die Seinsweise, die Gott annahm: Sie besteht nicht darin, stark, wunderbar und allmächtig zu sein, sondern vielmehr, ganz klein zu werden, Mensch zu werden und ganz nach unten abzusteigen – ja, nicht nur zum Sklaven zu werden, sondern sogar zum ausgestoßenen Sklaven. Ganz unten auf der sozialen Leiter schließt er sich allen denen an, die auch ausgestoßen wurden, und mit ihnen gründet er eine neue Lebensordnung, eine neue Gemeinschaft. Sie werden zum Ausgangspunkt dieser neuen Schöpfung, dieses neuen menschlichen Leibes, der auseinandergerissen wurde – und von der Gier nach Macht und Prestige bis heute auseinandergerissen wird.

Gottes Absicht ist es, auf der sozialen Leiter ganz hinunterzusteigen und den niedrigsten Platz einzunehmen, um *mit* den Schwachen und Zerbrochenen *zusammen* zu sein. Und dann steigt Gott *mit* ihnen *zusammen* auf, um eine neue Menschheit zu schaffen, die keine und keinen vergisst oder ausschließt. Viele Menschen wollen unbedingt die soziale Leiter hinaufsteigen, persönlichen Erfolg haben und weit nach oben kommen, mehr verdienen, mehr haben, das Sagen haben, ihren persönlichen Ruhm und ihr Ansehen steigern. Das Geheimnis Jesu besteht in seiner Einfachheit und Bescheidenheit, in der Art, wie er sich den Verlorenen und Gebrochenen anschließt und mit ihnen zusammen Gemeinschaften der Hoffnung gründet, Gemeinschaften des Reiches Gottes.

Dieses Geheimnis offenbarte Jesus ganz besonders deutlich, als er seinen Jüngern die Füße wusch (siehe Johannes 13). Er fing dabei so an, dass er zunächst sein Obergewand ablegte und nur wie ein Sklave in Hemd und Hose dastand. Dann wusch er seinen Jüngern die Füße, was die Verrichtung eines Sklaven war. Petrus war entsetzt; er verstand nicht, was Jesus da tat. Er schrie: »Nein! Nie und nimmer sollst du mir die Füße waschen!« Darauf gab Jesus zur Antwort:

»Wenn ich dich nicht wasche, hast du keinen Anteil an mir.«

Das bedeutet: »Wenn ich dir nicht die Füße waschen darf, sind wir nicht länger Freunde. Dann kannst du gehen. Dann ist zwischen uns alles aus.« Eine recht starke Aussage! Petrus war völlig vor den Kopf gestoßen, aber er wollte die Freundschaft Jesu nicht verlieren, und so sagte er: »Herr, dann wasch mir nicht nur die Füße, sondern auch die Hände und den Kopf!«

Jesus erwiderte:

> *»Wer vom Bad kommt, ist ganz rein und braucht nicht mehr gewaschen zu werden. Ein solcher Mensch ist ganz rein.«*

Als er damit fertig war, seinen Jüngern die Füße zu waschen, sagte er zu ihnen:

> *»Begreift ihr, was ich an euch getan habe? Ihr sagt zu mir Meister und Herr, und ihr nennt mich mit Recht so; denn ich bin es. Wenn nun ich, der Herr und Meister, euch die Füße gewaschen habe, dann müsst auch ihr einander die Füße waschen. Ich habe euch ein Beispiel gegeben.«*

Er hatte ihnen da also den Weg nach unten gezeigt, den Weg der Niedrigkeit, des Dienens und der Gewaltlosigkeit.

An einer anderen Stelle in den Evangelien erklärte er:

> *»Wenn du mittags oder abends ein Essen gibst, so lade nicht deine Freunde oder deine Brüder, deine Verwandten oder reiche Nachbarn ein ... Nein, wenn du ein Essen gibst, dann lade Arme, Krüppel, Lahme und Blinde ein. Dann wirst du gesegnet sein.«*
> (Lukas 14,12–14)

Das heißt mit anderen Worten: *Sucht nicht die Gesellschaft der Mächtigen und Einflussreichen, sondern steigt auf der sozialen Leiter abwärts und mischt euch unter die Armen und Gebrochenen, nicht bloß, um etwas für sie zu tun, sondern um bei ihnen zu sein; um mit ihnen von Herz zu Herz in Beziehung zu treten und mit ihnen Freundschaft zu schließen. Wenn ihr so zu Freunden der Schwachen geworden seid, wird Gott euch segnen. Ihr werdet etwas ganz Neues entdecken. Ihr werdet entdecken, dass das Evangelium tatsächlich eine »Frohe Botschaft« ist!*

Jesus liefert eine Lösung für die tiefen Wunden der Menschheit, zeigt einen Weg auf, um den Kreislauf von Gewalttätigkeit und Krieg zu beenden, den Kreislauf des Bruderhasses zwischen

Kain und Abel; diesen Kreislauf, bei dem jeder versucht, den anderen wegzudrücken und niederzuhalten, aus lauter Angst, selbst von einem Stärkeren beherrscht zu werden.

Jesus sagt zu uns: *»Hört auf damit, so große Angst zu haben und immer nur um euren eigenen Schutz bemüht zu sein! Hört auf damit, euch zu verteidigen und zu rechtfertigen! Hört auf damit, euch nur mit Euresgleichen zusammenzutun! Akzeptiert Unterschiede. Steigt auf der Leiter abwärts. Werdet zu Freunden der Schwachen und Gebrochenen, werdet zu Freunden Gottes!«*

In unsere Gemeinschaft in Bouaké (Elfenbeinküste) nahmen wir Innocente auf, ein junges Mädchen, das für die ganze Gemeinschaft zur Quelle des Lebens und großer Freude wurde. Sie war als Kind ausgesetzt worden und sollte im Busch sterben. Eine Schlange hätte sie beißen oder ein Raubtier hätte sie töten können, aber jemand sah sie dort liegen, hob sie auf und brachte sie in ein Waisenheim. Bei ihrer Ankunft im Waisenheim war sie bis aufs Skelett abgemagert und kurz vor dem Sterben. Innocente überlebte das alles, und später wurden wir vom Waisenheim gebeten, sie bei uns aufzunehmen. Sie war damals immer noch sehr klein und wir wussten, dass sie nie würde gehen oder sprechen können. Wir konnten nie richtig erfassen, was sie dachte, aber sooft wir in ihre Nähe kamen und sie mit ihrem Namen ansprachen, begann ihr ganzes Gesicht aufzuleuchten. Sie war von außergewöhnlicher Schönheit. Sie war völlig unfähig, jemanden zu richten oder zu verurteilen. Sie war zu zerbrechlich und schwach, um irgendwen richten zu können. Aber wenn man ihr keine Aufmerksamkeit schenkte, konnte sie sich verletzt zeigen.

Eines Tages, als ich sie so ansah, dachte ich bei mir, Jesus muss in etwa so sein wie sie: Weder richtet noch verdammt er jemanden, aber es tut ihm schrecklich weh, wenn wir uns nicht ihm zuwenden.

In unserer Gemeinschaft besteht jetzt eine meiner Rollen darin, Assistenten auf ihrem inneren Weg und bei ihrem Gemeinschaftsleben zu begleiten.

Wenn man den ganzen Tag damit zubringt, anderen Menschen zuzuhören, lernt man eine Menge, viel mehr als aus Büchern! Bücher können natürlich nützlich und interessant sein, aber lebendige Worte, die aus einem menschlichen Herzen kommen, haben mehr Leben, und zwar genau deshalb, weil sie aus dem Herzen, einem lebendigen Herzen kommen, also von dem Ort, an dem Gott wohnt, vom Ort auch unserer inneren Kämpfe.

Eine Frage, die ich oft stelle, ist: »Betest du?« Dabei meine ich nicht, ob der oder die Betreffende Gebete verrichtet, sondern ob er oder sie sich »stille Zeiten« nimmt; Zeiten dafür, sich mit dem Wort Gottes zu nähren, Zeit für sich allein, um in Gott zu ruhen, Zeit, um die persönliche Beziehung mit Gott zu vertiefen.

Die Antwort ist meistens: »Ich habe keine Zeit dafür«, und ich kann das gut verstehen. In unserem Alltagsleben in der Arche ist immer derart viel zu tun, und auch wir können wie die Menschen anderswo »viel zu beschäftigt« werden! In meinem eigenen Haushalt zum Beispiel sind inzwischen viele ziemlich alt und brauchen mehr medizinische Betreuung. Sie können immer weniger Dinge allein tun; jeder braucht mehr Zuwendung und Zeit. So verstehe ich, dass die Tage voll sind.

Aber dann spreche ich die Assistenten auf ihren freien Tag an: An *dem* müssten sie doch eigentlich Zeit für das Gebet haben? Das bringt sie oft für einen Augenblick in Verlegenheit; und wenn die Betreffenden ehrlich sind, geben sie gewöhnlich zu, dass sie sich auch dann keine Zeit fürs Gebet nehmen. Ich hake oft nach und frage sie, ob das deshalb sei, weil sie nicht beten *wollten*.

Die Antwort, die ich dann zu hören bekomme, ist oft: »Ich fürchte, wenn ich mich zu sehr auf Gott einlasse, verlangt er von mir etwas, das ich nicht tun kann oder will.«

Aber will Gott uns denn zu etwas verpflichten, das wir nicht tun möchten? Das ist eine seltsame Vorstellung von Gott. Ich denke, sie hängt mit unserem grundlegenden Schuldgefühl zusammen, mit unserer Vorstellung von einem Gott, der verurteilt und bestraft; von einem Gott, der uns das wegnehmen will, was wir lieben, von einem Gott, der Opfer verlangt.

Aber so ist Gott nicht. Gott ist die Liebe. Gott ist die Barmherzigkeit. Gott kennt jeden von uns und weiß, wer wir sind. Gott ist nie von uns enttäuscht. Gott kennt unsere Grundängste, unsere Angst davor, nicht geliebt zu werden ... und sogar unsere Angst davor, geliebt zu werden. Gott liebt uns so, wie wir sind, und möchte uns offenbaren, wie tief er uns respektiert.

Bei einem unserer Gemeinschaftswochenenden in Nordfrankreich fragte ein Assistent Frank, einen behinderten Mitbewohner, ob er bete. Der bejahte das.

»Wie machst du das, das Beten?«

»Ich horche.«

»Was sagt Gott da zu dir?«

»Gott sagt zu mir: ›Du bist mein geliebter Sohn‹«, gab er zur Antwort.

Das ist das, was ich im Gebet entdecke: Wir sind ein geliebter Sohn, eine geliebte Tochter Gottes. Gott möchte sich mit uns vereinen, uns seine Gegenwart offenbaren und uns das Geheimnis anderer offenbaren: das Geheimnis von Innocente, von Frank, von Luisito und das Geheimnis unseres eigenen Lebens. Gott liebt uns. Wir sind »Geliebte« Gottes.

Unsere Grenzen, Wunden und Behinderungen mögen weniger augenfällig sein als die ihren, aber es gibt sie genauso. Gottes Gegenwart gibt es genauso in *unserer* Schwäche und in *unserer* Armut.

Mir ging das tiefer auf, als ich von meiner Rolle als Verantwortlicher der Gemeinschaft zurücktrat und ein Jahr lang als Assistent in »La Forestière« lebte, einem unserer Häuser in Trosly für besonders schwer behinderte Männer und Frauen.

Ich bekam die Aufgabe zugeteilt, mich um Eric zu kümmern, was hieß, dass ich ihn baden, ihm beim Essen helfen und einfach Zeit mit ihm verbringen sollte. Er brachte mir viel bei. Während ich mich seines schwachen, kleinen, versehrten Körpers annahm, begann ich tiefer zu begreifen, dass er der Tempel Gottes ist. Die folgenden Worte von Paulus an die Korinther bekamen für mich einen tieferen Sinn:

> *»Wisst ihr nicht, dass euer Leib ein*
> *Tempel des Heiligen Geistes ist?«*
> (1. Korinther 6,19)

Was für ein ganz besonderes Geschenk ist es, wenn man zu begreifen versteht, dass unser Leib der Ort ist, an dem Gott wohnt, der Ort, an dem Gott unter uns wohnt! Das wird besonders deutlich, wenn wir bei der Eucharistie- oder Abendmahlsfeier in der Kommunion das konsekrierte Brot und den Wein als Leib und Blut Christi zu uns nehmen: Wir werden dann selbst zum Tabernakel, zum Tempel. Aber das wird genauso wahr, wenn wir Jesus lieben und den starken Wunsch haben, seine Worte zu verwirklichen:

> *»Wer mich liebt, wird an meinem Wort festhalten;*
> *mein Vater wird ihn lieben und wir werden zu*
> *ihm kommen und in ihm Wohnung nehmen.«*
> (Johannes 14,23)

Jesus offenbart uns – wie später auch Paulus – das, woran uns auch die gesamte Gemeinschaft der Gläubigen, die Kirche, durch alle Zeiten hindurch erinnert hat:

> *»Wisst ihr nicht, dass ihr Gottes Tempel seid*
> *und der Geist Gottes in euch wohnt?«*
> (1. Korinther 3,16)

Dieser kleine, zerbrechliche, versehrte Körper von Eric ist ein Tempel Gottes!

Wir brauchen Zeiten der Stille, Zeiten, um uns mit Gott allein zu nähren und zu stärken, damit wir uns tiefer auf dieses Geheimnis einlassen können, dass Gott in uns anwesend ist, auf das Geheimnis unserer persönlichen Beziehung mit Gott. Ich hoffe und bete, dass meine Worte kein Hindernis sein mögen, sondern ein Instrument, das euch hilft, tiefer in euer Herz zu sehen und voller auf euer Herz und auf die Intuitionen eures innersten Selbst zu vertrauen.

Vielleicht ist das alles, was Jesus euch heute sagen möchte: »Vertraut auf euch selbst und auf euer eigenes Herz!«

So möchte ich euch heute dazu ermutigen, euch Zeit für euch allein zu nehmen, in eurem Zimmer, im Wald, in einer Kirche oder Kapelle. Seid einfach still und horcht auf Gott. Gott lenkt und führt jeden von uns. Er hilft uns, Menschen mit immer größerem Mitgefühl und Verständnis zu werden.

Dritter Tag

»Wenn du wüsstest, worin die Gabe Gottes besteht«

(Johannes 4,10)

An unsere Wunden rühren

Wenn wir uns Zeit zum Alleinsein mit Jesus nehmen und darauf horchen, was er uns sagt, entdecken wir seine Liebe. Aber wir rühren auch an unseren Schmerz und unser Gefühl der Verlorenheit.

Wir neigen dazu, uns über uns selbst große Illusionen zu machen. Wir urteilen so leicht über andere, tun uns jedoch sehr schwer damit, uns selbst so zu sehen, wie wir wirklich sind. Entweder pflegen wir das Gefühl, etwas ganz Besonderes zu sein, oder wir leiden unter dem Gefühl, nicht viel zu taugen. Es gibt in uns vieles, was wir nicht genau ansehen wollen. Menschen mit Alkholproblemen zum Beispiel erkennen selten, dass sie süchtig sind, und erst recht wollen sie das nicht zugeben.

Jesus möchte uns beibringen, uns selbst kennen zu lernen, und zwar mit unseren Gaben und unserer Schönheit, mit unserer ganz tiefen Sehnsucht danach, zu lieben, mit unserem Schmerz, unserer Zerbrechlichkeit, unserer Verletzlichkeit.

Betrachten wir noch einmal etwas genauer die Samariterin und ihre Begegnung mit Jesus. Sie ist einer der am stärksten verletzten Menschen im ganzen Evangelium. Sie gehört einer abgelehnten Bevölkerungsgruppe an, und zudem scheint sie auch noch von ihrem eigenen Volk ausgestoßen zu sein.

Ich habe mich schon öfter gefragt, warum sie ausgerechnet »um die sechste Stunde«, also genau zur Mittagszeit, zum Wasserholen gekommen war. In Ländern wie dem ihrigen gehen die Frauen gewöhnlich frühmorgens zum Wasserholen, wenn die Sonne noch nicht so heiß brennt. Gewöhnlich gehen sie alle ungefähr zur gleichen Zeit zum Brunnen, damit sie einander dort treffen und sich miteinander unterhalten können, über ihr Leben, ihre Schwierigkeiten, ihre Kinder, ihre Männer.

Wenn da eine Frau von schlechtem Ruf dazu kommt, kann es zu Spannungen kommen. Einige lassen bestimmte Bemerkungen fallen oder machen sich über sie lustig oder meiden sie. Sie fühlt sich dabei nicht wohl; sie hat nicht das Gefühl, zu dieser kleinen Dorfgemeinschaft von Frauen dazuzugehören: Sie führt nicht genau die gleiche Lebensweise wie sie, hat nicht genau die gleichen Sorgen. Sie nehmen an ihr Anstoß.

Ich glaube, aus diesem Grund kommt diese Samariterin zur Mittagszeit an den Brunnen, obwohl da die Sonne im Zenit steht. Aber vielleicht täusche ich mich auch. Sollte ich sie im Himmel treffen, werde ich sie fragen, ob ich das so richtig gesehen habe. Es würde mich überhaupt nicht wundern, wenn sie mir dann sagen würde, dass ich ganz falsch gelegen hätte, denn sie sei bloß deshalb so spät zum Brunnen gekommen, weil sie verschlafen habe!

Wahr bleibt auf jeden Fall, dass ihre Situation es ihr schwer machte, andere an öffentlichen Orten oder auch an Stätten des Gebets zu treffen. Sie war eine gescheiterte Frau. Die sie umgebenden frommen und tugendhaften Menschen lehnten sie ab; sie musste denken, auch Gott lehne sie ab. Vielleicht stammte sie aus zerrütteten Verhältnissen und hatte nur Elend gekannt: keine Familie, kein Heim, keine stabile Liebe, keine Sicherheit – Umstände, die sie mit Traurigkeit und Wut erfüllten und in

Schuldgefühlen und Aufbegehren einschloss. Vielleicht war sie traurig über sich selbst und wütend auf sich, auf ihre Kinder und auf die Menschen in ihrer Umgebung.

Im Johannesevangelium wird erzählt, Jesus sei müde gewesen und habe sich deshalb in der Nähe des Jakobsbrunnens in Samarien hingesetzt.

Es ist bewegend, die Erschöpfung Jesu zu spüren, sein Menschsein. Er ist so *»ganz wie wir, ausgenommen die Sünde«*.

Wir müssen ganz aufmerksam auf das Menschsein Jesu achten, in seinem Müdesein ganz nah bei ihm sein. Er kann uns zeigen, wie wir mit unserem Müdesein und Menschsein leben können.

Die Frau kommt mit einem Krug auf dem Kopf oder der Schulter, um Wasser zu holen. Jesus wendet sich ihr zu und bittet sie:

»Gib mir zu trinken!«

Er fängt nicht so an, dass er die Frau auffordert, gemeinsam anzupacken, sondern er äußert einfach nur sein Bedürfnis und bittet sie, ihm zu helfen.

Der Umstand, dass diese Begegnung an einem Brunnen stattfindet, ist bezeichnend. In der Heiligen Schrift wird uns von drei weiteren wichtigen Begegnungen erzählt, die in der Nähe von Brunnen stattfanden und mit einem nachhaltigen Bund besiegelt wurden.

In der ersten wird geschildert, wie Abrahams Knecht ausgesandt wurde, um für Abrahams Sohn eine Frau zu finden. Als der Knecht an einen Brunnen kommt, trifft er dort Rebekka und sagt zu ihr:

»Reich mir doch deinen Krug zum Trinken!«
(Genesis 24,14)

In der zweiten geht es um die Begegnung von Jakob und Rahel (siehe Genesis 29), in der dritten um diejenige von Mose und Zippora (siehe Exodus 2).

Am Brunnen in Samarien trifft Jesus selbst diese gebrochene, abgelehnte Frau und offenbart ihr ihren Wert, ihre Wichtigkeit; offenbart ihr, dass sie zur Quelle des Lebens und der Fruchtbarkeit werden kann.

Diese Samariterin existierte wirklich und Jesus sprach wirklich mit ihr. Eines Tages werden auch wir sie im Himmel treffen und mit ihr sprechen können! Wir müssen vorsichtig sein und dürfen das Evangelium nicht bloß symbolisch auslegen. Solche Auslegungen können interessant sein, aber es ist wichtig, sich die Fakten, also die konkrete Wirklichkeit genau anzusehen und darauf zu achten, was sie uns sagt.

Die Samariterin ist sowohl eine wirkliche Frau als auch ein Symbol (wie das auch andere Gestalten im Evangelium sind), denn sie lehrt uns etwas über das Menschsein und auch über uns selbst. Sie sagt uns etwas Wichtiges über die Schwachen, Gebrochenen, Ausgeschlossenen, an den Rand Gedrängten; über alle diejenigen, die wir gewöhnlich nicht sehen wollen oder bei denen wir so tun, als gebe es sie gar nicht; diejenigen, die wir in Einrichtungen und Gefängnissen außer Sichtweite der übrigen Gesellschaft wegsperren; diejenigen, die in Slum-Bezirken unserem Blick entzogen sind.

Diese Frau lebt auch in jedem von uns. Sie ist der verwundete, gebrochene Teil unseres Wesens, den wir vor den anderen verstecken, ja sogar vor uns selbst. Sie steht symbolisch für den Ort der Schuld in uns, von dem her sich viele unserer Einstellungen und Handlungen ergeben, bewusst oder unbewusst. Dieses Schuldgefühl kann uns sogar dazu drängen, heroisch und großzügig zu sein, bloß um uns selber zu erlösen. Es kann uns auch in Wut hineinsteigern oder in die Abhängigkeit von Drogen und Alkohol. Falls wir in die Schattenbereiche unseres Wesens nicht

Gott eindringen lassen, laufen wir Gefahr, dass unser Leben von ihnen her gesteuert wird.

Ich entsinne mich einer Begebenheit, als ich über die Samariterin vor einer Gruppe sprach, in der eine Frau mit einem schweren Alkoholproblem war. Sie schaffte immer wieder Zeiten der Enthaltung, fiel dann wieder ins Trinken zurück, hörte wieder damit auf, fing dann wieder an, und so immer und immer wieder.

Nach meinem Vortrag kam sie zu mir und erklärte mir: »Jetzt verstehe ich das. In mir leben zwei Frauen. Da gibt es die eine, die trinkt, und die andere, die, wenn sie nicht trinkt, sich weigert, die Wunde, die ich habe, zu sehen, so als sei ich so schmutzig, dass Gott mich überhaupt nicht lieben kann. Ich leugne, dass es diesen Teil in mir gibt, und ich spreche mit Gott nur über die helle Seite in mir. Jetzt begreife ich, dass ich es zulassen muss, dass Gott der verwundeten, gebrochenen Frau in mir begegnet und in den ganzen Schmutz, der in mir ist, hineingeht.«

Ohne es zu merken und mit ihrer eigenen Alltagssprache hatte diese Frau genau das gleiche gesagt, was im Prolog des Johannesevangeliums so formuliert ist:

»Und das Licht kam in die Finsternis.«
(Johannes 1,5)

Falls wir das Vorhandensein der Finsternis in uns selbst leugnen, weil wir meinen, wir seien rein, kann das Licht nicht in uns kommen. Und auch falls wir meinen, wir seien nur Finsternis und folglich Gottes unwürdig, sperren wir uns selbst in unserer Finsternis ein; wir schneiden uns vom Licht ab und hindern es daran, in unser Leben einzutreten.

Genau das ist das Geheimnis der Inkarnation: Gott möchte in unser Wesen, wie es ist, eintreten. Gott weiß, wie verwundet wir sind. Gott wusste, wie gebrochen die Frau aus Samarien war; mit welcher Verwundung sie gelebt hatte, vielleicht schon von Jugend an. Genauso kennt Gott auch unsere Wunden seit unserer frühesten Kindheit. Gott weiß um die Welt der Finsternis, Angst und Schuld, die sich in unserem Leben ausbreitet, schon bevor wir uns ihrer richtig bewusst werden. Gott sehnt sich danach, genau in diesen Teil unseres Wesens hineinzukommen, der dunkel, gebrochen und voller Schmerzen ist, denn er will uns davon befreien.

Diese Samariterin lebt in mir und in dir, in allen den Teilen unseres Wesens, in denen wir uns schuldig fühlen, weil wir die anderen nicht so lieben, wie wir es sollten. Männer wissen oft nicht, wie sie ihre Frauen richtig lieben und für sie da sein sollen, und bei Frauen ist es umgekehrt genauso, und sie fühlen sich schuldig. Eltern haben oft das Gefühl, dass sie ihre Kinder nicht genug lieben, oder Kinder ihre Eltern. Wir sind alle in der gleichen Unfähigkeit zum Lieben befangen. Wenn Jesus diese Frau anspricht, spricht er dich und mich an.

Jesus setzt sich am Brunnen nieder, in einer Stellung unterhalb der Frau, bescheidener als die Frau. Er muss zu ihr aufblicken – er muss zu ihr in mir aufblicken. Dann spricht er zu mir von seinem Bedürfnis:

»Gib mir zu trinken!«

Unsere Reaktion ist im Allgemeinen wie die ihrige: »Wie kannst du, Jesus, mich um etwas bitten! Wie kannst du zu mir kommen, der/die ich mich doch selbst so schwach und gebrochen fühle! Ich bin zu unbedeutend, zu unwürdig, als dass du von mir etwas erbitten könntest!«

Das ist unsere spontane Reaktion, genau wie diejenige von Petrus bei der Fußwaschung: »Das ist doch unmöglich, dass du dich niedriger stellst als mich!« Hierauf sagt Jesus zur Samariterin:

»Wüsstest du, worin die Gabe Gottes besteht ...«

Ja – wüssten wir nur, worin die Gabe Gottes besteht ...

Damit wir hören können, wie Gott zu uns sagt: »Gib mir zu trinken«; damit wir nicht vor ihm davonlaufen; damit wir unsere Wunden annehmen und offen für sie sind, und genauso unsere Gaben annehmen und offen für sie sind, brauchen wir Zeit und brauchen wir Schweigen.

Die Quelle des lebendigen Wassers entdecken

Diese Begegnung zwischen Jesus und der Samariterin kündigt einen Bund an. Es ist ein Augenblick der ganz engen Gemeinschaft, der Zärtlichkeit und der Wahrheit. Jesus unternimmt es nicht nur, ihr zu offenbaren, dass sie das Wasser finden wird, das ihren Durst löschen wird, sondern auch, dass sie in ihrem Inneren, in ihrem eigenen Herzen, ihrem tiefsten Selbst einen »Brunnen« hat.

> *»Wüsstest du, worin die Gabe Gottes besteht und wer es ist, der zu dir sagt: Gib mir zu trinken!, dann hättest du ihn gebeten, und er hätte dir lebendiges Wasser geben können.«*
> (Johannes 4,10)

Sie wundert sich über seine Worte und versteht sie nicht:

> *»Herr, sagt sie zu ihm, du hast kein Schöpfgefäß und der Brunnen ist tief. Woher hast du also das lebendige Wasser? Bist du etwa größer als unser Vater Jakob, der uns diesen Brunnen gegeben und selbst daraus getrunken hat, wie seine Söhne und seine Herden?«*
> (4,11–12)

Jesus erwidert:

> *»Wer von dem Wasser trinkt, das ich ihm geben werde, wird niemals mehr Durst haben.«*

Dann fügt er Worte hinzu, die zu den außergewöhnlichsten im ganzen Evangelium gehören:

> *»Das Wasser, das ich ihm geben werde,*
> *wird in ihm zur sprudelnden Quelle werden,*
> *deren Wasser ewiges Leben schenkt.«*
> (4,14)

Dieses außergewöhnliche Versprechen gibt er dieser verwundeten, gebrochenen Frau aus Samarien, dieser Frau voller Schuld. Jesus sagt zu ihr, sie werde zur Wasserquelle für andere. Diesen werde sie neues Leben schenken können, das Leben Gottes selbst, denn Wasser ist ein Symbol für das Leben. Er sagt also zu ihr: »Du wirst sehr fruchtbar werden.«

Jesus sehnt sich danach, dass wir voll und ganz lebendig werden und dann auch an andere Leben weitergeben können. Das Weitergeben von Leben ist eines der erstaunlichsten Geheimnisse der Schöpfung. Spinnen schenken Spinnen das Leben, die wiederum anderen Spinnen das Leben schenken, und so immer weiter. Giraffen schenken Giraffen das Leben, Äpfel Äpfeln. Es gibt einen unendlichen, ununterbrochenen Fluss des Lebens.

Natürlich gibt es unterschiedliche Weisen, Leben zu schenken. Zunächst einmal gibt es da die biologische Weitergabe des Lebens: Mann und Frau werden eins und schenken einem Kind das Leben. Diese physische Geburt ist nur der Anfang. Damit ein Kind wachsen und sich entwickeln und seinerseits wieder an andere Leben weitergeben kann, braucht es Sicherheit, Liebe und Zärtlichkeit. Das Kind braucht es, dass es in einer stabilen Liebesbeziehung lebt; es braucht die feste Verbindung mit seiner Mutter, seinem Vater und anderen in seiner Umgebung.

Wir Menschen sind für die Liebe erschaffen, sind dazu berufen, in festen Beziehungen miteinander zu leben, und in deren Rahmen können wir einander Leben schenken. Es macht nicht wirklich etwas aus, falls eine Spinnenmutter ihre Spinnenkinder nicht liebt. Beim Menschenkind ist das anders. Wenn das Kind keine besondere, einmalige Liebe erlebt hat, ist sein Leben gefährdet. Diese Liebe ist kein Ideal, sondern die Frucht tagtäglichen echten Ringens. Wir alle ringen darum, in der Liebe zu wachsen. Kein Vater, keine Mutter, kein Mensch ist vollkommen. Aber jede und jeder von uns mit seiner je einmaligen persönlichen Geschichte ist berufen, in der Liebe zu wachsen.

Als ich dreizehn war, durchlebte ich eine sehr starke Erfahrung, die für mich wie eine Neugeburt wurde – meine dritte »Geburt« ... nach meiner ersten bei meiner Entbindung und meiner zweiten bei meiner Taufe ... Ich wollte in England auf die Königliche Marineschule gehen. Der Krieg war schon in vollem Gang und wir lebten in Kanada. Also hieß das, dass ich zu einer Zeit den Atlantik überqueren musste, als jedes fünfte Schiff von deutschen U-Booten versenkt wurde.

Ich ging zu meinem Vater und erzählte ihm diesen Wunsch. Er fragte mich nach dem Grund dafür. Ich weiß nicht mehr genau, welche Antwort ich ihm gab, aber nie vergessen werde ich, was er daraufhin zu mir sagte: »Du hast mein volles Vertrauen. Wenn du das wirklich tun willst, dann musst du es tun.«

An diesem Tag, mit diesen Worten, schenkte mir mein Vater ein neues Leben. Ich erlebte eine Art von Neugeburt. Wenn mein Vater so großes Vertrauen in mich setzte, hieß das, dass auch ich voller Selbstvertrauen sein durfte. Hätte er zu mir gesagt, ich solle warten, bis ich älter sei und mehr Erfahrung hätte, so hätte ich wahrscheinlich gewartet, aber ich hätte mein Vertrauen in meine eigenen Intuitionen verloren. Seine Antwort: »Du hast mein volles Vertrauen« schenkte mir nicht nur ein festes Selbstvertrauen, sondern sie half mir auch mein Leben lang, anderen Vertrauen zu schenken.

Wenn wir jemanden lieben, schenken wir diesem Menschen Leben. Wenn wir lieben, schenken wir Vertrauen und offenbaren Menschen ihren Wert, ihre Schönheit und ihre Fähigkeit, anderen Leben zu schenken.

Als Jesus zu dieser Frau sagte, sie werde »zur sprudelnden Quelle werden, deren Wasser ewiges Leben schenkt«, legte er die tief in ihr selbst verborgene Quelle des Lebens frei.

Nicht immer erkennen wir diese Quelle des Lebens in unserem Inneren. Wir wissen, dass wir über eine gewisse Intelligenz verfügen, und sind uns unserer Gefühle, Wünsche und Zwänge bewusst. Aber die tiefe Quelle, das Heiligtum der Liebe in uns und unsere Fähigkeit, mit der Liebe Gottes selbst lieben zu können, ist uns oft nicht bewusst. In Wirklichkeit kann es sogar so sein, dass wir vor dieser liebevollen Zärtlichkeit Angst haben, die wir in uns aufkeimen spüren, denn wir empfinden sie als Schwäche oder als etwas, das nur mit unserer Sexualität zu tun hat. Das kann uns ganz verwirren.

Doch im Kern dieser Güte und Zärtlichkeit unseres Herzens steckt die Gegenwart Gottes. Das erfahren wir oft besonders stark, wenn wir mit Menschen mit sehr großen Behinderungen zusammen sind. Das Geheimnis, das Jesus der Samariterin offenbart hat, ist das Geheimnis, das es im Leben eines jeden von uns gibt: Wenn wir aus der Quelle des Lebens trinken, die Jesus ist, werden auch wir zur Quelle des Lebens. Wir bringen dann Leben, ja das Leben Gottes selbst in unsere Welt. Damit erfüllen wir den sehnlichsten Wunsch Jesu für uns: seinen Wunsch, dass wir voll lebendige Menschen werden.

Den schwachen und armen Menschen in uns selbst annehmen

Die Samariterin war verwirrt; sie verstand das nicht. Sie sagt zu Jesus:

> *»Herr, gib mir dieses Wasser, damit ich keinen Durst mehr habe.«*
> (Johannes 4,15)

Da wechselt Jesus das Thema:

> *»Geh, ruf deinen Mann und komm wieder her!«*
> (4,16)

Jesus ist so gütig und verständnisvoll. Er richtet oder verurteilt diese Frau nicht. Er möchte einfach ihre Aufmerksamkeit auf ihre Wunden und ihre Verletzbarkeit lenken und ihr den Ort ihres Schmerzes und ihrer Traurigkeit aufzeigen, den sie vor den anderen und auch vor sich selbst verborgen gehalten hatte.

> *»Ich habe keinen Mann«,*

gibt sie zur Antwort.

> *»Du hast richtig gesagt: Ich habe keinen Mann«, erwidert Jesus, »denn fünf Männer hast du gehabt, und der, den du jetzt hast, ist nicht dein Mann. Damit hast du die Wahrheit gesagt.«*
> (4,17–18)

Dieser kurze Satz:

> *»Damit hast du die Wahrheit gesagt«,*

ist wichtig. Jesus möchte ihr helfen, die Wahrheit über sich selbst zu erkennen; ihr aufgehen zu lassen, wer sie in all ihrer Gebrochenheit ist. Auf diese Weise möchte er ihr zeigen, dass er sie nicht richtet oder verurteilt.

Das einzige, worauf es ankommt, ist, dass wir wahrhaftig sind; dass wir uns selbst nicht von Lügen und Illusionen beherrschen lassen. Hat sie erst einmal die Wahrheit über sich selbst akzeptiert, so kann sie zur Quelle des Lebens werden. Erst wenn wir die Wahrheit über uns selbst akzeptiert haben, können wir so wie die Samariterin den Weg der inneren Ganzheit gehen.

Wir müssen an die Wahrheit dessen rühren, wer wir sind. Erst dann wachsen wir nach und nach ins Akzeptieren unserer Wunden und unserer Zerbrechlichkeit hinein, und dann wachsen wir ins Ganzsein hinein, und aus diesem Ganzsein beginnt das Leben auf andere in unserer Umgebung überzufließen.

Es ist wichtig, sich Zeit zum Stillsein zu nehmen, mit Jesus allein zu sein, auf die Realität dessen zu sehen, wer wir sind, in Kontakt mit unseren inneren Orten des Schmerzes zu kommen. Dann können wir uns nach und nach mit unserer Schwäche anfreunden.

Nachdem ich 1980 das Amt des Leiters der Gemeinschaft in Trosly abgegeben hatte, lebte ich ein Jahr lang in »La Forestière«, einem unserer Gemeinschaftshäuser für zehn Männer und Frauen mit schweren Behinderungen.

Von Eric habe ich euch bereits erzählt; aber da gab es auch noch Lucien. Lucien ist mit schweren geistigen und körperlichen Behinderungen zur Welt gekommen. Er kann nicht sprechen oder gehen oder seine Arme bewegen. Sein Körper ist etwas verkrümmt und er muss immer in seinem Rollstuhl oder in seinem Bett bleiben. Er sieht nie jemandem direkt in die Augen.

Luciens Vater starb, als er zwölf war. Die ersten dreißig Jahre lebte er bei seiner Mutter, die für ihn sorgte und ihn und seine Bedürfnisse verstand; sie konnte seine Körpersprache voll deuten. Bei ihr war er im Frieden und fühlte sich sicher. Eines Tages wurde sie krank und musste ins Krankenhaus. Lucien wurde in ein anderes Krankenhaus gebracht und geriet damit in eine ihm völlig fremde und unbekannte Welt. Er hatte alle seine vertrauten Bezugspunkte verloren. Niemand schien ihn zu verstehen. Aus ihm brachen Angstschreie hervor; sie anzuhören war unerträglich.

Schließlich kam er nach »La Forestière«. Angesichts seines ständigen Schreiens fühlten wir uns ziemlich hilflos. Wenn wir versuchten, ihn zu berühren, um seine Angst zu lindern, schien schon allein diese Berührung seine Angst nur noch zu steigern. Wir konnten nichts anderes tun als warten.

Luciens abgründiges Schreien durchbohrte mir das Herz und schien bis in meinen Wesenskern vorzudringen. Es weckte meine eigene innere Angst. Ich konnte Wut, Gewalttätigkeit und sogar Hass in mir aufsteigen fühlen. Ich wäre in der Lage gewesen, ihn zu verletzen, um ihn zum Stillsein zu bringen. Es war, als sei ein Teil meines eigenen Wesens, das ich unter Kontrolle zu halten gelernt hatte, im Begriff, zu explodieren. Was ich da kaum mehr aushalten konnte, war nicht mehr nur Luciens Angst, sondern die Offenbarung dessen, was in meinem eigenen Herzen geschlummert hatte, nämlich meine Fähigkeit, anderen weh zu tun – und das in mir, der ich doch den Ruf verspürt hatte, mein Leben mit den Schwachen zu teilen: In mir selbst steckte ein Hasspotenzial gegenüber einem schwachen Menschen!

Diese Erfahrung und andere ähnliche Erfahrungen verhalfen mir dazu, die Mütter besser verstehen zu können, die ihre Kinder »misshandelt« hatten; Frauen, die von ihren Ehemännern oder Partnern verlassen worden waren; die ein Verlassenwerden erlebt hatten, das in ihnen schlimme Gefühle der Einsamkeit, Angst und Depression hatte aufkommen lassen. Gewöhnlich müssen sie arbeiten, um sich ihren Lebensunterhalt zu verdienen und allein ihre Kinder aufzuziehen. Wenn sie nach einem vollen Arbeitstag heimkommen, sind sie erschöpft. Sie haben gerade noch genug Kraft, um das Essen zu richten und ihre Kinder vor den Fernseher zu setzen.

Aber Kinder brauchen natürlich mehr als das. Sie sehnen sich nach Liebe, Aufmerksamkeit und Präsenz. Darum fangen sie zu weinen, ja zu schreien an. Die Mutter ist erschöpft; ihr innerer »Brunnen« ist ausgetrocknet. Das Schreien ihrer Kinder nach Aufmerksamkeit und Liebe legt ihr eigenes Bedürfnis nach Liebe frei. In ihr kommen so viel Angst und innerer Schmerz hoch, dass sie schließlich anfängt, die Kinder zu schlagen, um sie zur Ruhe bringen – aber vor allem, um ihre eigene Angst loszuwerden!

Es ist für uns ungemein schmerzlich, der Wirklichkeit ins Gesicht zu sehen, unsere eigene Anfälligkeit zu entdecken, und auch unsere Fähigkeit zu Wut und Hass. Die Versuchung ist sehr groß, vor denen, die uns unsere inneren Grenzen und unsere Gebrochenheit aufzeigen, davonzulaufen oder sie zu meiden.

Hier liegen die Wurzeln eines Großteils des Rassismus und der Ablehnung und des Ausschließens anderer. Es ist wichtig, nicht davonzulaufen, sondern jemanden zu finden, mit dem wir über diese Schattenbereiche unseres eigenen Wesens sprechen können, über diese inneren »Dämonen«, diesen »Wolf« in uns; mit jemandem, der oder die uns helfen kann, uns nicht ganz von diesem dunklen Element beherrschen zu lassen, damit es nicht länger in unserem Leben herumspukt.

Während meiner Zeit in der Forestière gab mir einmal jemand einen Text von Carl Gustav Jung (1875–1961), dem Psychoanalytiker und ehemaligen Freud-Schüler. Es war ein Brief, den er an eine junge Christin geschrieben hatte. Ich zitiere ihn sinngemäß aus meiner Erinnerung. Unter Bezugnahme auf die Worte Jesu in Matthäus 25 sagte er darin ungefähr Folgendes:

> *»Ich bewundere euch Christen, denn wenn ihr jemand Hungrigen oder Durstigen seht, seht ihr Christus. Wenn ihr einen Fremden aufnehmt, also einen, der euch ›fremd‹ ist, nehmt ihr Christus auf. Wenn ihr einen Nackten kleidet, kleidet ihr Jesus. Was ich jedoch nicht verstehe, ist, dass ihr Christen anscheinend nie in eurer eigenen Armut Jesus erkennt. Ihr wollt immer nur den Armen außerhalb eurer selbst Gutes tun, und dabei lasst ihr den armen Menschen in euch selbst zu kurz kommen. Warum könnt ihr Jesus nicht auch in eurer eigenen Armut sehen,*

in eurem eigenen Hunger und Durst? In allem, was in euch selbst ›fremd‹ ist: in der Gewalttätigkeit und Angst, die ihr nicht unter Kontrolle habt. Ihr seid berufen, auch all dieses anzunehmen; seine Existenz nicht zu leugnen, sondern zu akzeptieren, dass es das gibt, und darin Jesus zu begegnen.«

Jungs Brief half mir verstehen, dass ich erst dann Jesus begrüßen und aufnehmen kann, wenn ich meine eigene Schwäche, meine eigene Armut und meine tiefsten Bedürfnisse annehme.

Ich kann die Wunden von Innocente, Eric und Lucien erst dann akzeptieren, wenn ich offen bin und mein eigenes verwundetes Selbst annehme und Hilfe suche. Kann ich wirklich mit ihnen Mitleid haben, solange ich nicht mit mir selbst Mitleid habe?

Das Geheimnis der Schwachen und Gebrochenen ist, dass sie nicht nur an die tiefe Quelle der Liebe und Zärtlichkeit in uns rühren, sondern auch an unsere Härte und Finsternis. Jesus ruft uns nicht nur auf, die Schwachen und Abgelehnten wie Claudia und Lucien aufzunehmen, sondern auch den schwachen und gebrochenen Menschen in uns selbst anzunehmen und die Gegenwart Jesu in unserem Inneren zu entdecken.

Das ist der Sinn der Worte Jesu an die Frau aus Samarien:

»Du hast die Wahrheit gesagt.«

Damit wir Menschen werden können, die anderen Leben schenken, müssen wir in der Wahrheit dessen leben, wer wir sind. Wir müssen eine innere Ganzheit finden, dürfen unsere Wunden nicht länger leugnen oder verdrängen, sondern sie annehmen und die Gegenwart Gottes an diesen Orten unserer eigenen Schwäche erkennen.

Vierter Tag

»Liebt einander, wie ich euch geliebt habe«
(Johannes 15,12)

Das Zusammenleben lernen

Unser Leben mit Jesus beginnt mit einer Einladung: »Komm!« oder »Heute möchte ich in dein Haus kommen!«, oder mit der Berufung zu einer Sendung: »Geh hin, verkaufe alles, was du hast, und folge mir nach!«

Alles fängt mit einer persönlichen, von Herz zu Herz gehenden Begegnung mit Jesus an. Sodann hilft Jesus uns, anderen zu begegnen, die eine ähnliche Berufung haben. Jede und jeder ist anders, aber alle haben eine persönliche Einladung von Jesus empfangen. Er ruft uns zusammen; wir bauen Gemeinschaft.

Ich lese gern immer wieder aufs Neue die verschiedenen Evangeliengeschichten, die zeigen, dass wir alle miteinander nur Menschen sind. Kaum ist Jesus zum Beispiel abwesend, fangen seine Jünger an, sich untereinander zu vergleichen und darüber zu streiten, wer der Beste, der Größte, der Kompetenteste sei! Dann legen einige Mütter ein Wort zugunsten ihrer Söhne ein ... wie kaum anders zu erwarten! Stellt euch die Mutter von Jakobus und Johannes vor, die an Jesus herantritt und ihn fragt, ob nicht ihre zwei Söhne im Reich Gottes die vordersten, besten

Plätze haben könnten! Malt euch die Reaktion von Petrus, Matthäus und den anderen aus!

Das Evangelium ist so zutiefst menschlich. Jesus kennt unsere Herzen und die tiefen Wurzeln der Rivalität und Eifersucht in uns. Jede und jeder von uns ist ja von so tiefer Sehnsucht danach erfüllt, geliebt oder bewundert zu werden. Da fällt es uns nicht leicht, unser Leben mit anderen in einer Familie oder Gemeinschaft zu teilen. Sobald sich Menschen zusammentun und miteinander leben, sind sie auf die besten Plätze aus und wollen für wichtig gehalten werden. Sie trachten danach, zu zeigen, dass sie stärker sind und vieles besser wissen als andere.

Aber Jesus beruft uns, unser Leben miteinander zu teilen. Wir werden Konflikte erleben, und hoffentlich wird uns dabei aufgehen, dass wir in Wirklichkeit gar nicht so liebevoll sind, wie wir gedacht hatten! Zu manchen Menschen fühlen wir uns hingezogen; andere mögen wir weniger gern. Was tun wir, wenn wir das entdecken? Manche von uns verschließen sich deprimiert, andere flüchten in Verdrängung oder Sucht; zuweilen frisst uns die Eifersucht schier auf oder wir werden von Hass und Wut überrollt und klagen andere an.

Die Erfahrung ist wichtig, dass unsere Liebe tatsächlich so beschränkt ist; das ist die Wirklichkeit unserer Herzen, die angeschlagen sind. Erst wenn wir sie erfasst haben, beginnen wir zu begreifen, wozu Jesus seine Jünger aufforderte, als er zu ihnen sagte:

»Liebt einander!«

Womöglich reagieren wir dann darauf unwillkürlich mit: »Nein, *diesen* Menschen kann ich unmöglich lieben!« Und Jesus gibt zur Antwort:

> *»Aber euch, die ihr mir zuhört, sage ich: Liebt eure Feinde; tut denen Gutes, die euch hassen. Segnet die, die euch verfluchen; betet für die, die euch misshandeln.«*
> (Lukas 6,27–28)

Es ist leicht, sagt Jesus zu uns, diejenigen zu lieben, die uns lieben und uns mit Komplimenten überschütten. Aber er fordert uns auf, unsere »Feinde« zu lieben.

Unser Feind ist nicht unbedingt irgendein Fremder; das könnte auch ein recht naher Mensch in unserer Familie oder Gemeinschaft oder jemand an unserem Arbeitsplatz sein. Der »Feind« ist einer, der uns zu bedrohen scheint und uns daran hindert, wir selbst zu sein; jemand, der oder die unsere Freiheit und Kreativität blockiert und in uns schon allein durch seine oder ihre Gegenwart Depression oder Aggression auslöst.

Wenn wir etwas stille Zeit für uns haben, ist es wichtig, Gott zu bitten, er möge uns zeigen, wer unser Feind ist. Es ist vollkommen normal für uns, dass es für uns Menschen gibt, die uns verletzt haben und unsere Abwehrmechanismen auslösen – das ist ein Teil dessen, was wir sind; Teil unseres gemeinsamen Menschseins.

Nach einem Vortrag, den ich gehalten hatte, kam eine Frau zu mir und erzählte mir, sie sei darauf gekommen, dass ihr Feind ihr Mann sei: »Er ist glücklich und zufrieden, wenn ich alles in Küche und Haushalt erledige. Aber er hört mir nie wirklich zu oder fragt mich, was ich von irgendetwas halte. Er behandelt mich so, als sei ich Luft. Ich spüre in mir eine ungeheure Wut auf ihn.«

Bei einer Einkehrzeit erzählte mir ein Mann, er könne gar nicht verstehen, weshalb er so viele Probleme mit seinem ältesten Sohn habe. Er sagte: »Sooft er den Mund aufmacht, bringt er mich in Rage. Ganz gleich, was er sagt, ich widerspreche ihm und möchte einfach, dass er den Mund hält. Bei den andern zwei Kindern ist das nicht so. Ihnen kann ich zuhören.«

Er konnte nicht begreifen, warum er so reagierte. Einige Tage danach kam er wieder zu mir und erklärte mir: »Jetzt fange ich allmählich zu verstehen an, warum ich meinen ältesten Sohn so ablehne. Er erinnert mich an meine eigenen Mängel. Wenn ich ihn ablehne, lehne ich in Wirklichkeit alles in mir ab, was ich nicht akzeptieren kann.« Dieser Mann war dabei, zu entdecken, dass in Wirklichkeit nicht sein ältester Sohn sein »Feind« war, sondern dass er ein Feind seiner selbst war!

Wenn uns genauer aufgeht, wer unser Feind ist, können wir die Worte Jesu hören: »Liebe ihn. Liebe sie!« Wir werden uns der vielen Widerstände in uns bewusst. »Nein, das kann ich nicht! Dieser Mensch hat mich zu sehr verletzt! Du verlangst zu viel von mir. Das ist unmöglich!« Und Jesus könnte erwidern: »Ja, du hast Recht. Du kannst das nicht. Aber möchtest du, dass ich dir helfe? Vertraust du mir? Vertraust du darauf, dass *»für Gott nichts unmöglich ist«?*

Um echte Nachfolger Jesu sein zu können, müssen wir zu diesem Vertrauen finden, dass *»für Gott nichts unmöglich ist«*.

Wir brauchen Jesus und seinen Heiligen Geist, damit wir das, wozu wir berufen sind, in die Tat umsetzen können; das bringen wir nicht alles aus eigener Kraft fertig.

Markus erzählt uns in seinem Evangelium von dem reichen jungen Mann, der zu Jesus kam und ihn fragte, was er tun müsse, um das ewige Leben zu gewinnen. Jesus sagte zu ihm:

> *»Geh, verkaufe, was du hast, gib das Geld den Armen; dann komm und folge mir nach!«*
> (Markus 10,21)

Da wurde der junge Mann schrecklich traurig und ging weg, »denn er hatte ein großes Vermögen«, das herzugeben er nicht übers Herz brachte. Auch Jesus muss darüber traurig gewesen sein. Später sagte er zu seinen Jüngern:

> *»Wie schwer ist es für Menschen, die viel besitzen, in das Reich Gottes zu kommen!« Die Jünger waren über seine Worte bestürzt. Jesus aber sagte noch einmal zu ihnen: »Meine Kinder, wie schwer ist es, in das Reich Gottes zu kommen! Eher geht ein Kamel durch ein Nadelöhr, als dass ein Reicher in das Reich Gottes gelangt.« Sie aber erschraken noch mehr und sagten zueinander: »Wer kann dann noch gerettet werden?« Jesus sah sie an und sagte: »Für Menschen ist das unmöglich, aber nicht für Gott; denn für Gott ist alles möglich.«*
> (Markus 10,24–27)

Wir sind erst dann echte Jünger Jesu, wenn uns aufgegangen ist, dass *»für Gott alles möglich ist«;* dass das, was für uns unmöglich ist, für Gott möglich ist.

Das heißt, dass Jünger Jesu es lernen müssen, Schwierigkeiten und ausweglosen Situationen die Stirn zu bieten; nicht vor ihnen davonzulaufen, sondern zu entdecken, dass Gott uns die notwendige Stärke geben wird, weil *»für Gott nichts unmöglich ist«.*

Solange wir unser Gemeinschaftsleben und unseren Wunsch, anderen zu dienen, als etwas ansehen, das *wir uns ausgesucht* haben, leben wir noch nicht im Bund. Falls wir meinen, dass das nur von uns abhängt; dass unsere Bindung an andere in der Familie oder Gemeinschaft die Frucht unserer eigenen Anstrengungen sei, leben wir noch nicht den Bund.

Der Bund ist ein Geschenk Gottes. Um Tag für Tag Bundes-Beziehungen leben zu können, brauchen wir eine ganz neue Kraft von Gott. Unser Bund mit Gott in der Arche wird offenbar, wenn wir sagen können: »Ich kann das nicht! Ich kann nicht auf

Dauer mein Leben mit diesen Menschen zusammen verbringen! Aber ich weiß, dass Gott mir helfen kann, es zu tun.«

Wenn wir mit den Bedürfnissen der Armen und Schwachen konfrontiert werden, ist es, als müssten wir an unsere eigenen Grenzen und unsere Schwäche rühren, bevor wir entdecken können, dass nur Gott unsere Herzen und unser Leben verändern kann.

Wir können erst dann im Frieden mit anderen leben und reifen, wenn uns aufgeht, dass die Vergebung das Herz der Botschaft des Evangeliums ausmacht. Gottes Reaktion auf Konflikt und Spaltung ist Versöhnung. Versöhnung ist ein Geschenk Gottes, das es uns ermöglicht, nicht von Schuldgefühlen beherrscht zu werden; von Gefühlen, die uns lähmen können, uns depressiv oder aggressiv werden lassen und uns mit Selbstzweifeln erfüllen. Durch seine Vergebung befreit Jesus uns von Schuld und macht uns zu wirklich lebendigen, wirklich freien Menschen.

Zu vergeben heißt zuallererst einmal: den Bund erkennen, der uns in Liebe zusammenbindet. Da geht es nicht in erster Linie darum, jemanden zu umarmen und herzlich an sich zu drücken, um ihm zu zeigen, dass wir ihm vergeben. Das Wichtigste ist die Einsicht, dass Gott uns eine Verbundenheit miteinander geschenkt hat, die tiefer reicht als unsere Gefühle; dass auch unser »Feind« seinen Platz in der Gemeinschaft, der Familie, der Kirche oder Gesellschaft hat; dass der »Feind« ein Recht auf Leben und Entfaltung hat. Jesus hat den »Feind« an einen ganz eigenen Platz berufen und ihm oder ihr ganz eigene Gaben verliehen, die ich respektieren sollte.

Vergebung ist ein langer Prozess. Er beginnt mit diesem Respekt vor dem Anderen, vor dem »Feind«.

Ein junger Mann erzählte mir nach einer Einkehrzeit: »Ich habe über den Bund mit meinem Vater nachgedacht. In meiner Jugend hat er mich sehr verletzt. Er war so autoritär. Er hörte mir nie zu und schien seine Freude daran zu haben, mich niederzumachen. Ich ging von daheim weg, weil ich es nicht mehr aushalten konnte. Im Lauf dieser Woche bin ich mir nicht nur des Bundes mit den anderen in der Gemeinschaft bewusst geworden, sondern auch des Bundes mit meinem Vater. Jetzt fange ich an, ihn zu verstehen und ihm zu vergeben.«

Ich schlug ihm vor, er solle zu seinem Vater gehen und mit ihm sprechen. Aber er gab unverzüglich zur Antwort: »Nein, ich bin noch nicht so weit. Ich bin noch zu verletzlich. Ich fühle mich noch recht schwach. Wenn ich jetzt mit ihm darüber rede, macht er mich wieder fertig. Ich brauche noch mehr Zeit dafür.« Seine Reaktion war weise.

Wir sind wie ineinander verschlungene, verknotete Bäume, die entwirrt und aufgerichtet werden müssen, um richtig wachsen und neues Leben schenken zu können. Dieser junge Mann begann seinen Vater zu akzeptieren und den Bund zu sehen, den es zwischen ihm und seinem Vater gab. Aber er brauchte noch mehr Zeit und musste noch deutlicher die Gegenwart des Heiligen Geistes erfahren, ehe er seinem Vater von Angesicht zu Angesicht gegenübertreten konnte.

Erst unlängst erzählte man mir die Geschichte einer Frau, die auf Grund der Falschaussage eines Mannes ins Gefängnis gesteckt worden war. Während ihrer Haftzeit hatte diese Frau eine echte, persönliche Begegnung mit Gott. Sie erzählte der Ordensschwester, die ihr beigestanden hatte, dass sie dem Mann, der ihr so viel Leiden beschert hatte, nicht verzeihen könne, »aber«, so fügte sie hinzu, »ich bete jeden Tag darum, dass Gott ihm verzeihen möge«.

Auch sie hatte sich auf den Weg zur Vergebung gemacht. In der Tiefe ihres Herzens hatte sie diesem Mann vergeben, aber diese Vergebung hatte noch nicht ihr ganzes Wesen erfasst. Ihre Gefühle hatten sich noch nicht geändert. Sie brauchte noch Zeit. Auch der Mann brauchte noch Zeit, um das Böse in sich zu entdecken.

Vergebung ist ein Geschenk Gottes. Vergebung ist das Herz der Botschaft des Evangeliums; ist das Herz der Familie und das Herz des Gemeinschaftslebens. Die Vergebung beginnt mit der Anerkenntnis, dass uns ein Bund zusammenhält, in der Gemeinschaft und im gemeinsamen Menschsein. Gott hat jeden Einzelnen von uns geschaffen. Jede und jeder ist kostbar und wichtig. Wenn wir es fertigbringen wollen, unserem Bund in der Arche, in unserer Familie oder in der Gesellschaft die Treue zu halten, müssen wir Menschen der Vergebung werden.

Bei Jesus bleiben

Jesus sprach viel von Vergebung. Er heilte und befreite die Herzen vieler verwundeter und gebrochener Menschen, die von der Last strenger Gesetze erdrückt und erniedrigt worden waren. Er selbst wurde von der Kleinlichkeit und Eifersucht bestimmter Schriftgelehrter und Pharisäer, die ihm eine Falle zu stellen versuchten, verletzt (vgl. Johannes 8,2–11).

Eines Tages bringen sie eine Frau zu Jesus, die beim Ehebruch ertappt worden war. Sie haben sie nicht hergebracht, weil es ihnen um ihr Wohl geht und sie interessieren sich nicht für sie als Mensch, sondern weil sie sie und ihre peinliche Lage dazu gebrauchen wollen, um Jesus in Verlegenheit zu bringen und ihm eine Falle zu stellen. Nach dem Gesetz des Mose sollte eine solche Frau gesteinigt werden. Würde Jesus von Vergebung sprechen, konnten sie sagen, er widerspreche dem Gesetz des Mose. Würde er im Sinn dieses Gesetzes sprechen, so würde er sich selbst widersprechen und alles das widerrufen, was er über Barmherzigkeit und Vergebung gesagt hatte.

Jesus schweigt. Er bückt sich und fängt an, mit dem Finger auf den Boden zu schreiben. Niemand weiß, was er schreibt. Aber da steht er und schreibt schweigend vor sich hin.

Die Schriftgelehrten bestehen verärgert auf einer Antwort:

»Nun, was sagst du?«

Jesus richtet sich auf, sieht sie an und sagt:

»Wer von euch ohne Sünde ist, werfe
als erster einen Stein auf sie.«

Dann bückt er sich wieder und schreibt weiter auf den Boden. Im Evangelium wird erzählt, dass die Männer einer nach dem andern weggingen, angefangen beim Ältesten, der nach dem Gesetz den ersten Stein hätte werfen sollen.

Sie gingen alle weg.

Jesus blieb zurück und stand allein mit der Frau da. Wir können uns leicht ihre Angst, Scham und Not vorstellen, angesichts der entsetzlichen Vorstellung, gleich zu Tode gesteinigt zu werden. Es ist vermutlich das erste Mal, dass sie diesen Mann aus Nazaret zu Gesicht bekommt, der sie gerade erst befreit hat.

Der Tonfall der Stimme Jesu scheint sich geändert zu haben, als er sie anspricht:

»Frau, wo sind sie geblieben? Hat dich keiner verurteilt?«

Sie antwortet:

»Keiner.«

Darauf sagt Jesus:

»Auch ich verurteile dich nicht. Geh und
sündige von jetzt an nicht mehr.«

Jesus kam nicht, um sie zu verurteilen – und auch nicht uns! Jesus kommt, um ihr Leben zu schenken – und um auch uns Leben zu schenken.

Manche von uns tun sich vielleicht damit schwer, diesen Abschnitt im Evangelium zu akzeptieren oder zu verstehen. Im vierten Jahrhundert stellten manche in der Kirche in Frage, ob er authentisch sei. In manchen Bibelfassungen ist er ganz weggelassen. Er wirkt zu zwiespältig. Jesus *muss doch sicher* den Ehebruch verurteilt haben!

In den Schriften der Propheten, etwa bei Ezechiel, war der Ehebruch ein Symbol für die Sünde, für unsere Abkehr von Gott, dem göttlichen Schöpfer und Liebhaber; für unsere Untreue gegenüber dem, der uns liebt, schützt und ernährt; ein Symbol dafür, dass wir aus anderen Quellen »trinken« als aus der Quelle des Lebens.

Um diesen Abschnitt verstehen zu können, müssen wir wissen, was Sünde ist. Sünde ist nicht einfach nur eine Frage des Übertretens bestimmter moralischer oder religiöser Gesetze. Sie ist viel mehr. Die ganze Heilige Schrift hindurch, und insbesondere in den Evangelien und den Briefen von Paulus wird sie beschrieben als »Gott den Rücken kehren«, »das Vertrauen auf Jesus verlieren«, »nicht mehr an seine Worte und Verheißungen glauben«, »an der Existenz des Bundes zweifeln«. Wer sündigt, den nährt nicht mehr Gottes Gegenwart im Wort Gottes, in der Eucharistie, im Gebet, in den Armen.

Sündigen heißt, sich von Jesus abschneiden. Wenn wir von ihm abgeschnitten sind, übertreten wir bestimmte Regeln und Vorschriften: Wir haben dann nicht mehr die Kraft, manchen Gesetzen zu gehorchen oder bestimmte Pflichten zu erfüllen.

Wollen wir die »Frohe Botschaft« leben, unsere Feinde lieben und den Schwachen und Vergessenen nahe bleiben; wollen wir dem Bund, der uns in der Gemeinschaft oder in der Ehe geschenkt worden ist, treu bleiben und Tag für Tag ein Leben der Liebe führen, so müssen wir an die Quelle des Lebens angeschlossen bleiben, müssen in Kommunion mit dem bleiben, der das Leben selbst *ist*, mit Jesus.

Wenn Jesus sagt:

»Geh und sündige von jetzt an nicht mehr«,

sagt er genau genommen: *»Geh, aber bleibe in meiner Liebe. Bleibe bei mir. Wähle das Leben. Finde Nahrung in meiner Liebe und meiner Gegenwart. Wähle, was dir Leben gibt, was für dich gut ist.«*

Wir müssen Obacht geben, denn manche Nahrung kann giftig sein. Auch bestimmte Filme, Beziehungen, Orte oder Lebensweisen können für uns wie Gift sein. Sie können uns Schritt für Schritt von Jesus abwenden, uns sogar verletzen und gegen die Frohe Botschaft verstoßen, die zu leben wir berufen sind.

Wenn wir innerlich tot sind, können wir an andere kein Leben weitergeben, sondern nur Tod. Falls wir durch und durch lebendig sein wollen, damit wir Leben weitergeben können, müssen wir genau unterscheiden, was für jeden von uns bekömmliche Nahrung ist, müssen »gute Nahrungsmittel« auswählen.

Wir brauchen Jesus im Wort, in der Eucharistie, im Gebet und in seiner geheimnisvollen Gegenwart in den Schwachen und Armen, damit wir selbst durch und durch lebendig sein können.

Vergebung schenken und Vergebung empfangen

Vergeben heißt, die Bande wiederentdecken, die uns im Bund zusammenhalten. Wir sind nicht mehr voneinander getrennt; wir sind in Gott eins.

Der Evangelist Markus erzählt uns von einem weiteren Vorfall, der sich ereignete, als Jesus in einem Haus in Kafarnaum predigte. Eine dichte Menschenmenge erfüllte das Haus; niemand konnte mehr zur Tür hereingehen. Um zu Jesus zu kommen, rissen vier Männer ein Loch ins Dach und ließen dadurch eine Bahre mit einem Gelähmten darauf herunter.

Jesus war am Predigen, und plötzlich lag da dieser Mann vor ihm. Der Gelähmte konnte weder sprechen noch gehen; er blickte einfach intensiv Jesus an.

Menschen, die gelähmt sind und nicht sprechen können, »sagen« oft so viel mit dem Blick ihrer Augen; sie »sprechen« mit ihren Augen. Als dieser Mann vor Jesus lag, müssen seine Augen gesagt haben: »Ich liebe dich. Ich vertraue dir. Hab Erbarmen mit mir.«

Jesus war von seinem Glauben berührt und er sagte zu dem Gelähmten:

> *»Mein Kind, deine Sünden sind dir vergeben!«*

Das heißt: »Du bist frei!«

In der Menge gab es natürlich einiges Murren. Einige Schriftgelehrte verblüffte, überraschte, ja ärgerte das. Wie konnte er so daherreden! Solche Worte hatten sie noch nie gehört und auch in ihren Theologiebüchern noch nie gelesen. Dieser Mann lästerte Gott! Wie konnte er Sünden vergeben!

Jesus merkte, was sie dachten, sah sie an und sagte:

> *»Was für Gedanken habt ihr im Herzen? Ist es leichter, zu dem Gelähmten zu sagen: Deine Sünden sind dir vergeben!, oder zu sagen: Steh auf, nimm deine Tragbahre und geh? Ihr sollt aber erkennen, dass der Menschensohn die Vollmacht hat, hier auf der Erde Sünden zu vergeben.«*

Und er sagte zu dem Gelähmten:

»Ich sage dir: Steh auf, nimm deine
Tragbahre und geh nach Hause!«
(Markus 2,8–11)

Natürlich sprang der Mann sofort auf!

Das ist eine starke Szene. Stellt euch die Augen dieses Mannes vor, der Jesus liebt; die Wut und Sorge der Schriftgelehrten und Pharisäer, und die liebevolle, provozierende Geste Jesu – das Geheimnis seines Vergebens.

Wenn er den Mann auffordert: »Steh auf und geh!«, sagt er ihm genau genommen das gleiche wie »deine Sünden sind dir vergeben«. Er nimmt ihm das Gewicht von den Schultern, das ihn bis jetzt niederdrückt. Er befreit ihn von der Schwere seiner Schuld, die ihn erdrückt und sein Hineinreifen in die Liebe verhindert hatte. Er versichert diesem Mann, dass Gott ihn liebt; dass er nicht länger von Gott getrennt ist, sondern jetzt in enger Gemeinschaft mit Gott ist.

Das ist, als hätte der Mann plötzlich Flügel bekommen und könnte fliegen!

Jesus lebt im ewigen gegenwärtigen Augenblick. Jeden Augenblick unseres Tages liebt er uns und versichert uns seiner Liebe. Wir jedoch sperren uns oft dagegen ab – aus Angst oder Reue oder aus Abscheu vor uns selbst. Aus diesem Grund brauchen wir Vergebung, die die Türen unseres Herzens wieder aufreißt und uns immer und immer wieder daran erinnert: *»Du bist mein geliebter Sohn; du bist meine geliebte Tochter. Mich interessiert nicht deine Vergangenheit und ich habe keine Sorgen bezüglich deiner Zukunft. Ich bin heute bei dir. Ich möchte mit dir und in dir leben, damit wir gemeinsam anderen Leben schenken können.«*

Die Vergebung bringt uns zu unserer ersten Liebe zurück, zu unserer ersten Erfahrung der Liebe Gottes und zu seiner Verheißung:

»Ich traue mich dir an für immer, und
du wirst Gott erkennen.«
(vgl. Hosea 2,21–22)

Jesus kennt das Gewicht unserer Schuld. Er kennt unser Bedürfnis, Vergebung zu erlangen und Worte der Vergebung zu vernehmen. In seiner großen Zärtlichkeit wählte er einige von uns aus – die nicht besser als die anderen sind –, solche, die in ihrer Zerbrechlichkeit Menschen wie wir sind. Er wählt manche aus, denen er den Dienst der Vergebung anvertraut.

Zu ihnen sagt er: »Ihr werdet in meinem Namen Sünden vergeben. Ihr werdet im Sakrament der Vergebung meine Vertreter sein.«

Es ist wichtig, sich bei jemandem aussprechen zu können, der in der Lage ist, sich mit Verständnis und Einfühlungsvermögen alles anzuhören, was uns verletzt hat; worin wir versagt haben; was wir bedauern; was uns das Herz schwer macht und uns daran hindert, voller Hoffnung zu leben.

Wenn wir die innere Finsternis, die wir durchleben, ins Wort bringen können, ist das eine befreiende Erfahrung. Je tiefer verwundet wir sind, desto mehr neigen wir dazu, auch andere zu verwunden. Je mehr uns Angst und Schuld umtreiben, desto stärker zweifeln wir an Gottes Liebe, und desto mehr wenden wir uns von Gott ab. Wir müssen uns bei jemandem aussprechen, der uns zuhört, uns versteht und Mitleid mit uns hat.

Vergeben und Vergebung empfangen; befreien und befreit werden: Besteht nicht darin das Ziel unseres Lebens?

Darum geht es: Den vergebenden, mit uns mitleidenden Gott gegenwärtig setzen:

»Vergib uns unsere Schuld, wie auch wir
vergeben unseren Schuldigern.«
(vgl. Matthäus 6,12)

Fünfter Tag

»Mein Gott, mein Gott, warum hast du mich verlassen?«
(Markus 15,34)

In den Schmerz eintreten

Jesus kam in die Welt, um sie neu zu schaffen, das heißt, um ihr wieder ihren vollen Sinn zu geben und unsere beschränkte Sicht des Lebens zu weiten, diese Sicht, die nicht wirklich die Hoffnung zur Welt kommen lässt und uns angesichts alles dessen, was unmöglich zu sein scheint, lähmt.

»Aber für Gott ist nichts unmöglich.«

Wenn wir uns nicht die Zeit nehmen, um tiefer ins Herz des Schweigens einzutauchen, so dass wir an dieser Neuschöpfung teilnehmen können; wenn wir uns nicht von der Gnade Jesu vollständiger erfüllen lassen, laufen wir Gefahr, »auszubrennen«.

Wenn wir unser Gespür für den einmaligen Auftrag der Arche verlieren, ist es unmöglich, alles das lebendig zu verwirklichen, was in unseren Gemeinschaften ansteht. So wurde zum Beispiel vielen von uns beigebracht, wir sollten *»den Armen«* Gutes tun.

Die Botschaft des Evangeliums sagt uns aber, dass *die Armen uns* Gutes tun. Eine Mutter weiß recht gut, dass ihr kleines Kind ihr Leben schenkt, und das schon allein mit der Art, wie es sie ansieht, ihr zulächelt, sie ruft, liebt und braucht.

Wir Menschen wachsen aus der Abhängigkeit des Kindes in die Unabhängigkeit des Erwachsenen hinein. Unser Weg mit Jesus geht genau in die Gegenrichtung: Wir Erwachsene sind berufen, immer mehr wie Kinder zu werden. Das bedeutet eine Umkehr unserer Einstellungen und Gewissheiten. Wir kommen nicht auf dem Weg ins Reich Gottes, dass wir kenntnisreicher, einflussreicher, mächtiger werden, sondern indem wir bescheidener, gütiger, liebevoller werden.

Das Reich Gottes ist die innere Herzensgemeinschaft. Falls wir ganz persönliche Beziehungen mit denen eingehen, die schwach und einsam sind – also nicht bloß *ihnen Gutes tun*, sondern *bei ihnen sind*, treten wir in eine persönliche Beziehung mit Gott ein.

Vielen von uns wurde der Grundsatz beigebracht: »Auge um Auge, Zahn um Zahn«. Das ist in vielen unserer Gesellschaften die allgemeine Regel. Es ist normal, sich selbst schützen zu wollen und auf Aggression mit Aggression oder Unterdrückung zu antworten.

Aber Jesus weist uns an:

> *»Liebt eure Feinde. Tut Gutes denen, die euch hassen.*
> (Matthäus 5,44)

Gebt eure Verteidigungsmechanismen auf. Ihr müsst euch nicht selbst schützen, denn *ich* bin euer Schutz.«

Die Hoffnung für unsere Welt beruht nicht auf der Herstellung von immer noch größeren Waffen oder der Durchführung noch repressiverer Gesetze; die Hoffnung beruht auf unserer Fähigkeit zum Lieben und Vergeben und auf unserem Wunsch, Versöhnung zu leben und in der Liebe zu unseren Feinden zu wachsen.

Unsere spontane Reaktion auf Leiden ist, dass wir davor zurückschrecken. Vor dem Leiden haben wir Angst. Die geläufigste Reaktion auf die Existenz von Leiden ist die, daran Anstoß zu nehmen und zu versuchen, es auszumerzen. Manche Philosophen rechtfertigen die Existenz von Leiden; manche Stoiker und spirituelle Meister lehren uns, wie wir angesichts von Leiden gelassen bleiben können, mittels einer Haltung des inneren Abstands und mittels Willenskraft; aber Jesus bringt in das Leiden einen ganz neuen Sinn.

Jesus starb nicht in heiterer Gelassenheit, sondern in einem schrecklichen Todeskampf. Im Garten auf dem Ölberg hatte er Angst und *sein Schweiß war wie Blut, das auf die Erde tropfte* (Lukas 22,44).

Er flehte zum Vater:

> *»Wenn du willst, nimm diesen Kelch von mir!«*
> (Lukas 22,42)

Am Kreuz schrie er laut:

> *»Mein Gott, mein Gott, warum hast du mich verlassen?«*
> (Markus 15,34)

Es ist wichtig, ins Geheimnis des Leidens einzutreten, des Leidens unserer Brüder und Schwestern in Ländern, wo Krieg herrscht, des Leidens unserer Brüder und Schwestern, die krank sind, hungrig, im Gefängnis; unserer Brüder und Schwestern, die nicht wissen, wo sie heute Nacht schlafen können.

Es ist wichtig, ins Leiden all derer einzutreten, um die sich niemand kümmert und die allein sind: all derer, die Trauer und Verlust durchleben.

Damit wir in dieses Geheimnis des Leidens eintreten und unsere Angst vor ihm deutlich wahrnehmen können, wollen wir uns einen Abschnitt im Matthäusevangelium genauer ansehen.

Jesus hatte gerade Petrus als »den Felsen«, den »Grundstein« bestätigt, auf den er seine Kirche bauen wolle. Jesus gibt der Gruppe eine feste Ordnung, denn für eine Gruppe sind Organisation und Ordnung wichtig. Sodann, fast unmittelbar danach, fängt er an, von seinem Weggang zu sprechen:

> *Von da an begann Jesus, seinen Jüngern zu erklären, er müsse nach Jerusalem gehen und von den Ältesten, den Hohenpriestern und den Schriftgelehrten vieles erleiden; er werde getötet werden, aber am dritten Tag werde er auferstehen.*
> (Matthäus 16,21)

Jesus sagt nicht direkt, dass er fortgehen werde, aber er kündigt ihnen an, dass er große Leiden durchmachen und getötet werde. Ihr könnt euch die Verzweiflung dieser Männer vorstellen, die ihn lieben und alles verlassen haben, um ihm nachzufolgen; die vielleicht von ihren Familien und Freunden heftig kritisiert worden waren, weil sie ihm so sehr vertraut hatten.

Da bricht etwas in ihnen zusammen. Sie können den Gedanken nicht ertragen, dass Jesus leiden und sterben wird: ihre Hoffnungen sind zertrümmert. Die Reaktion von Petrus war großherzig und gütig. Er nahm Jesus beiseite und wies ihn zurecht:

> *»Nein, das darf nicht mit dir geschehen!«*

Das war, als wollte er Jesus – und sich selbst – Mut machen. Er wollte Jesus dabei helfen, seine düsteren Vorstellungen loszuwerden. Die Reaktion Jesu auf Petrus war scharf, voller Traurigkeit und vielleicht auch Wut:

> *»Weg mit dir, Satan, geh mir aus den Augen!*
> [Das hebräische ›Satan‹ bedeutet ›Gegner‹, ›Feind‹.] *Du bist für mich ein Anstoß.«*

Letzteres kann man auch übersetzen mit: »Du bist für mich ein Skandal!« Es handelt sich hier um ein Wortspiel, denn das griechische Wort für »Anstoß«, »Skandal«, bedeutet wörtlich »Stolperstein«. Und gerade erst hatte Jesus ja zu Petrus gesagt:

»Du bist Petrus, und auf diesen Felsen
werde ich meine Kirche bauen.«

Jetzt sagt er:

»Du bist für mich ein Stolperstein.«

Der Stein, auf den die Kirche gebaut werden soll, kann zum Stein werden, der die Menschen stolpern und stürzen lässt, falls er nicht das wahre Gesicht Jesu offenbart, sondern sich stattdessen an die Wege seiner Kultur und Gesellschaft anzugleichen versucht.

Jesus fügt hinzu:

»Du hast nicht im Sinn, was Gott will,
sondern was die Menschen wollen.«

Es ist sehr schwierig, sich Gottes Sicht des Leidens anzueignen. Unsere erste Reaktion ist die gleiche wie die von Petrus. Leiden macht uns Angst und wirft uns auf das erste Leiden unserer Kindheit zurück, das wie eine tiefe, offene Wunde im Innersten unseres Herzens klafft: Das Leiden, uns abgelehnt, ungewollt, ungeliebt, beiseite geschoben zu fühlen.

Physisches Leiden kann schrecklich sein, ist aber erträglich, wenn da ein Mensch ist, der oder die uns liebt und uns hilft, und wenn wir die richtigen Medikamente haben. Dagegen ist das Leiden, nicht geliebt und ganz allein zu sein, unerträglich und es macht alles andere unerträglich. Unsere Reaktion auf das Leiden kann stark sein. Wir können eine Wut auf das Leiden und auf Gott bekommen. Leiden kann unerträglich sein; wir sehen keinen Sinn darin.

Jesus ist nicht in die Welt gekommen, um das Leiden zu erklären oder dessen Dasein zu rechtfertigen. Er kam, um uns zu offenbaren, dass wir alle das Leiden erleichtern können, mittels unserer Kompetenz und unseres Mitleidens. Er kam, um uns zu zeigen, dass jedes Leiden, jeder Schmerz, den wir erfahren, zur

Gabe werden kann, und damit zur Quelle des Lebens für andere, und zwar in und durch die Liebesgabe Jesu an den Vater.

Menschlich gesprochen wirkt dies alles unmöglich und unbegreiflich. Nur mit der Gnade des Heiligen Geistes und durch sie können wir es lernen, das Leiden zur Gabe zu machen, und auf diese Weise anfangen, in dieser bescheidenen Gabe ein Geheimnis der Liebe und Gemeinsamkeit zu erkennen; ein Geheimnis, das der Welt Leben schenkt.

Das Geheimnis des Kreuzes

Sehen wir uns Petrus genauer an und versuchen wir seine Reaktion auf die Schwäche und Verletzlichkeit Jesu zu verstehen, damit wir auch besser verstehen können, was sich in unserem eigenen Herzen abspielt, wenn wir mit Leiden und Schwäche konfrontiert werden.

Auf diese Weise werden wir tiefer den Sinn der Arche entdecken. Die Arche ist auf Schwachsein und Leiden gegründet. Die Arche entstand, weil die Luisitos, die Erics und die Claudias unserer Gemeinschaften in Leiden und Angst lebten; sie wurde als Antwort auf ihren Verzweiflungsschrei gegründet. Wir in der Arche können natürlich nicht alle Ursachen des Leidens und der Angst in den uns anvertrauten Menschen ausmerzen, aber wir können solche Menschen bei uns aufnehmen; wir können sie lieben und ein Stück weit ihr Leiden erleichtern.

Wenn wir diejenigen, die leiden, bei uns aufnehmen; wenn wir versuchen, sie zu verstehen und bei ihnen zu sein, wird ihr Leiden etwas erträglicher. Die Arche ist weder eine Schule noch ein Krankenhaus. Ins Krankenhaus geht man, um von seiner Krankheit geheilt zu werden und dann wieder heimgehen zu können. In die Schule geht man, um etwas zu lernen und dann die Schule wieder zu verlassen. Wenn wir Menschen in die Arche aufnehmen, können sie für immer bleiben, denn die Arche möchte eine Familie sein.

Wenn wir Menschen in unsere Arche-Familien aufnehmen, weil sie hinfällig, verletzt, voller Angst sind, kann es sein, dass sie nach und nach mehr Frieden finden und Vertrauen bekommen, aber sie werden nie ganz geheilt werden. Claudia wird nie fähig werden, eine Universität zu besuchen! Luisito wird nie sprechen können! Die Gebrechlichkeit und Behinderung eines jeden bleibt; und wenn sie älter werden, geraten sie in andere Formen der Schwäche.

Wir haben die Berufung, unser Leben mit leidenden Menschen zu teilen, mit ihnen im Bund zu leben. Wir alle sind schon Menschen begegnet, die im Leben verwundet wurden. Wir alle sind schon zu einem bestimmten Zeitpunkt und an einem bestimmten Ort unseres Lebens verwundet worden. Wir müssen unsere Reaktion auf das Leiden tiefer verstehen lernen und genauer über diese Reaktion nachdenken. Wie reagieren wir, wenn wir mit unserem eigenen Leiden und mit dem Leiden anderer konfrontiert werden?

Petrus konnte das Leiden nicht ertragen. Nachdem Jesus verhaftet und vor ein Scheintribunal gezerrt worden war, sagte Petrus dreimal:

»Ich kenne diesen Menschen nicht!«

Matthäus berichtet uns sogar, dass Petrus beim dritten Mal zu schwören begann und ausrief:

»Ich kenne diesen Menschen nicht!«

Petrus war kein Mensch, der sich leicht Angst einjagen ließ. Er war mutig und immer bereit, für den, den er liebte, zu kämpfen; er war bereit, für Jesus zu sterben. Er hatte zu Jesus gesagt:

»Mein Leben will ich für dich hingeben« – und doch sagt er dann später: »Ich kenne diesen Menschen nicht!«

Im Inneren von Petrus ist etwas zerbrochen und er beginnt zu zweifeln. Es ist eigenartig, aber es stimmt: Er kennt *diesen* Menschen nicht; er erkennt in diesem schwachen, zerschlagenen Menschen nicht mehr den Mann, der mit Autorität gesprochen hatte, den Menschen, der Wunder bewirkt und der Petrus berufen hatte, ihm zu folgen. Petrus hatte sich zu einem mächtigen Jesus hingezogen gefühlt und war ihm erlegen. Er war Jesus nachgefolgt, weil Jesus so große Macht hatte.

Menschen können Christen werden oder sich einer Gruppe oder Gemeinschaft anschließen, weil sie eine starke Erfahrung gemacht haben, Zeugen eines Wunders geworden sind oder sich innerlich verwandelt gefühlt haben. Aber das ist nur der Anfang.

Petrus war Augenzeuge der Heilungswunder gewesen, der Brotvermehrung, der Verklärung, der Auferweckung des Lazarus und der Begeisterung der Volksmengen. Er war von der Freiheit und Kraft der Worte Jesu fasziniert gewesen; von der innigen Einheit zwischen dem, was Jesus sagte und was er tat; von der Neuheit seiner Botschaft und der Art, wie sie anderen Leben schenkte.

Petrus glaubte, dass Jesus der Messias sei, der Israel von der römischen Besatzungsarmee befreien und seinem Volk wieder Würde, Freiheit und Macht verschaffen würde. Petrus hatte einen Traum vom messianischen Sieg, der im Begriff war, Wirklichkeit zu werden. Er würde der »Mannschaft der Sieger« angehören.

Auch wir träumen nur allzu oft, dieser »Mannschaft der Sieger« anzugehören, sei es beim Sport, in der Politik, in der Gemeinschaft oder sogar in der Kirche. Wir alle wollen einer Gruppe angehören, die auf der »richtigen Seite« ist und am Ende besser als alle anderen dasteht.

Der mit der Schwäche und Kleinheit Jesu konfrontierte Petrus versteht nichts mehr und *kann* nichts mehr verstehen. Der Heilige Geist hat ihm noch nicht offenbart, dass Jesus Leben schenkt – der ganzen Menschheit Leben schenkt –, und zwar nicht nur mit seinen Worten, seinen Handlungen und seinen Wunden, sondern vor allem mit der Liebe seines Herzens, die ihn so weit brachte, dass er sein Leben als Opfer hingab.

Wir alle müssen den gleichen Weg wie Petrus gehen und so zu dem tieferen Verständnis kommen, dass nicht diejenigen die Gesegneten sind, die »religiös« erfolgreich sind, sondern diejenigen, die auch dann noch Vertrauen haben, wenn sie die Erfahrung des Scheiterns machen. Wenn wir bei etwas Erfolg haben, kommen wir uns ganz natürlich als »gesegnet« vor.

Aber wie kann man sich gesegnet vorkommen, wenn man beiseite geschoben, abschätzig behandelt und erniedrigt wird? Wie kann man darauf kommen, dass Scheitern nicht einfach nur etwas Negatives ist? Ist nicht für uns alle jenes letzte Scheitern des Lebens, der Tod, ein Skandal? Wie können wir begreifen, dass derjenige, der in Armut und Schande am Kreuz stirbt – und der trotz seiner Schande weiterhin vertraut –, tatsächlich von Gott gesegnet ist?

Wie können wir glauben, dass im Scheitern ein Sinn stecken kann? Wie können wir glauben, dass das Leben von Luisito, Lucien, Claudia und anderen, die wir in unsere Gemeinschaftshäuser aufgenommen haben, wertvoll ist, also das Leben solcher, das schon gleich mit Scheitern begonnen hat? Luisito, Lucien, Claudia und die anderen sind im Geist und im Körper schwach. Sie haben das Leiden durchlebt, abgelehnt zu werden. Sie werden nie einen großen Erfolg erleben. Ein solches Schwachsein können wir nur dann annehmen und einen Wert in ihm sehen, wenn wir im Glauben wachsen, dass »Jesus alles neu macht«.

In uns allen steckt ganz stark das Bedürfnis, einer starken, erfolgreichen Gruppe anzugehören. Wir können in die Arche schwache und arme Menschen aufnehmen und dann dennoch hart urteilen oder enttäuscht sein, wenn wir entdecken, wie klein und armselig unsere eigene Gemeinschaft ist. Bewusst oder unbewusst bewundern wir Bewegungen in der Kirche, die »erfolgreich« sind; die große Scharen anziehen und sicher und stark zu sein scheinen. Angesichts leidender Gemeinschaften können wir leicht unser Vertrauen verlieren. Es fällt uns schwer, die volle Wahrheit der wesentlichen Botschaft Jesu zu akzeptieren: dass zwischen dem Kreuz und der Auferstehung ein tiefer und inniger Zusammenhang besteht. Wenn wir (oder unsere Gemeinschaft) leiden, tun wir uns mit dem Vertrauen schwer.

Wir mögen das Kreuz Jesu verehren – aber wir haben unsere Schwierigkeiten damit, es anzunehmen, wenn es in unser eigenes Leben kommt.

So mitleidend werden, wie Maria es war

Petrus kann es nicht ertragen, die Schwachheit und das Leiden Jesus mit anzusehen. Er läuft weg. Maria bleibt bei Jesus. Sie steht zu Füßen des Kreuzes.

Das erste, was Maria von Jesus wahrnahm, war nicht seine Eigenschaft als starker Führer und Prophet, sondern seine Hilflosigkeit als winziges Kind in ihrem Schoß; dann als Kind in ihren Armen; als Kind, das genährt, gebadet und getragen werden musste; als Kind, das Liebe brauchte. Jesus, der Fleisch gewordene Gott, hatte es wie jedes andere Kind nötig, geliebt zu werden, damit sein Menschenherz in der Liebe wachsen konnte.

Maria war fähig, ihm die bedingungslose Liebe zu schenken, die er brauchte, denn sie war selbst »voll der Gnade«, für die Liebe transparent, reinen Herzens. Sie liebte ihn aus der Fülle ihres Herzens und kraft der ihr innewohnenden Gnade, nicht aus ihren eigenen Bedürfnissen oder ihrer inneren Leere heraus, oder weil sie selbst unter einem Mangel an Liebe gelitten hätte.

Wir lieben andere oft aus dem Grund, weil wir uns hohl und innerlich leer fühlen und deshalb ein Bedürfnis haben, das wir zu stillen versuchen. Es kann sein, dass wir versuchen, diejenigen, die wir in unserer Familie, unserer Gemeinschaft, unserem Freundeskreis lieben, in Besitz zu nehmen.

Maria liebte voll und ganz – und wahrhaftig. Sie hatte etwas Ganzes an sich. Alles, was sie tat, tat sie für Jesus, nicht für sich. Sie versuchte nicht, sich beim Baden des Kindes, bei Mahlzeiten oder Zeiten des Spielens zu beeilen, damit sie sich dann absetzen und beten oder irgendwelche anderen »wichtigeren Dinge« tun konnte. Alle Alltagsverrichtungen ihres Lebens waren Gebet, jede ihrer Gesten war eine Gelegenheit zu tiefer Gemeinsamkeit mit Jesus, weil alles auf Jesus konzentriert war.

Es ist wichtig, sich Zeit zu nehmen und sich still Maria mit Jesus vor Augen zu halten. Wir müssen begreifen lernen, wie auch alle *unsere* Gesten, und sogar *unser* physischer Leib zur Quelle des Lebens werden können, zum Ort der Gegenwart Gottes, zum »Sakrament«. Ein Sakrament ist ein »Zeichen«, ein Ort, der Gott gegenwärtig setzt. Für Maria war der Körper Jesu ein »Sakrament«, der Ort, an dem sie Gott begegnete.

Daher sagen auch wir oft, dass die Schwachen und Gebrochenen ein »Sakrament« seien, was also heißt, dass sie Jesus gegenwärtig setzen:

> *»Was ihr für einen meiner geringsten Brüder*
> *getan habt, das habt ihr mir getan.«*
> (Matthäus 25,40)

Wenn Maria das Kind Jesus in ihren Armen hielt, hielt sie Gott in ihren Armen. Wenn Maria den Körper Jesu badete, badete sie Gott. Wenn sie den Körper Jesu berührte, berührte sie Gott. Ihre Berührung war eine Quelle der Gnade.

Der tiefe Sinn des Berührens ging mir deutlicher auf, als ich während meiner Zeit im Gemeinschaftshaus Forestière den kleinen, wunden Körper von Eric hielt oder badete. Ich pflegte mit Eric zu sprechen, aber da er sowohl blind als auch taub war, konnte er mich nicht hören. Die einzige Weise, auf die er meine Gegenwart spüren konnte, war die Art, wie ich ihn berührte. Meine Berührung »sprach« zu ihm.

Wir in der Arche haben für dieses Geheimnis des Körpers Jesu ein sehr feines Gespür entwickelt, denn viele unserer Gefährten verstehen keine Worte. Wir vermitteln ihnen Gottes Liebe mittels der Art, wie wir sie berühren und pflegen. Wir lernen es, die Schwachen und Gebrochenen mit großer Ehrfurcht und großer Zärtlichkeit zu berühren, denn ihre Körper sind Tempel des Heiligen Geistes. Sie werden für uns zum »Sakrament«, zum Ort der Gegenwart Gottes. In der engen Gemeinschaft mit ihnen sind wir in enger Gemeinschaft mit Jesus.

Maria erschrak nicht über die Schwachheit und Kleinheit Gottes; über die Tränen und das Schreien des Kindes Jesus; über seine Bedürfnisse, seine Verletzungen; über seine Angst und seine Todesqualen. Maria stand am Kreuz, ganz nahe beim entblößten und verletzlichen Jesus, in enger Gemeinschaft mit ihrem geliebten Sohn.

Jesus erlitt bei seiner Kreuzigung entsetzliche körperliche Schmerzen. Die Gekreuzigten waren mit ausgestreckten Armen ans Kreuz genagelt und hingen nur an ihren Armen. Sie konnten nur auf die Weise atmen, dass sie sie sich mit ihren Beinen etwas hochstemmten und immer wieder etwas nach Luft schnappten. Ihre Körper mussten vor dem Sabbat abgenommen werden. Aus diesem Grund brachen die römischen Soldaten den Gekreuzigten die Beinknochen, damit sie erstickten, weil sie dann keine Luft mehr bekommen konnten. Da Jesus aber bereits tot war, so erzählt uns das Evangelium, zerbrachen die Soldaten ihm die Beine nicht, sondern durchbohrten seine Seite mit einer Lanze.

Lasst uns Zeit nehmen, um auf Jesus am Kreuz zu blicken und mit ihm zu beten und ins Geheimnis seines Leidens und Sterbens einzutreten.

Die Gekreuzigten wurden aller ihrer Kleider und ihrer Würde beraubt. Jesus war nackt. Seine Nacktheit steigerte seine Erniedrigung. Seine Arme waren am Kreuz ausgestreckt. Drei lange Stunden lang musste er sich mühsam immer wieder mit den Beinen hochstemmen, um etwas Luft zu bekommen. Seine Füße waren mit Nägeln durchbohrt und er konnte kaum noch flüstern. Drei lange Stunden in Qual und Todeskampf.

Alle seine Freunde hatten ihn verlassen. Petrus hatte Jesus verleugnet. Er hatte behauptet, er kenne ihn nicht. Die anderen Jünger hatten das Vertrauen verloren. Sie glaubten nicht mehr an ihn und seine Sendung von Gott. Was für ein entsetzliches Leiden!

Eine Menschenmenge hatte sich unter dem Kreuz versammelt, darunter einige Schriftgelehrte und Pharisäer. Sie gafften ihn an, spotteten über ihn, genossen ihren »Sieg« über Jesus.

Maria bleibt schweigend zu Füßen des Kreuzes stehen. Sie hört die Worte, die Jesus kaum mehr murmeln kann:

»Vater, vergib ihnen, denen sie wissen nicht, was sie tun.«

In Kana hatte Maria Jesus sagen hören:

»Meine Stunde ist noch nicht gekommen.«

Jetzt weiß sie, dass seine Stunde tatsächlich gekommen ist. Sie vertraut Jesus und der Bedeutung dieses Augenblicks und sie erinnert sich an die Worte des Propheten Jesaja:

»... keine schöne und edle Gestalt, ein Mann
voller Schmerzen, mit Krankheit vertraut ...
durch seine Wunden sind wir geheilt.«
(Jesaja 53,2.3.5)

Das große Geheimnis unseres christlichen Glaubens ist, dass wir von einem verurteilten Menschen erlöst wurden; dass wir durch seine Wunden geheilt wurden. Christus musste sterben, um seine grenzenlose Liebe zum Ausdruck zu bringen. Sein Leiden wurde zur Quelle des Lebens für uns alle.

Marias Gegenwart ist stark und trostvoll; sie ist bei Jesus. Sie hat keine Wut auf die Schriftgelehrten und Pharisäer. Sie hat keine Angst. Sie ist nicht enttäuscht. Ihr ganzes Wesen streckt sich zu Jesus hin und sagt zu ihm: »Ich vertraue dir. Ich vertraue dir.« Jesus ist von allem entblößt, hat alles verloren, aber er lebt in dieser engen Gemeinschaft mit Maria. Jesus, das Fleisch gewordene Wort, kam in enger Gemeinschaft mit Maria in diese Welt und er verlässt diese Welt in enger Gemeinschaft mit Maria. Und in dieser engen Herzensgemeinschaft bringt sie alles dem Vater dar. Die Worte des alten Mannes, des Propheten Simeon, haben sich erfüllt:

> *Ihr Herz ist von einem Schwert durchbohrt worden.*
> (vgl. Lukas 2,35)

Diese enge Gemeinschaft mit Maria ist alles, was Jesus in diesem Augenblick noch hat. Aber er löst sich sogar noch von dieser Verbindung.

Er blickt auf Maria und sagt:

> *»Frau, siehe, dein Sohn!«*
> (Johannes 19,26)

und zu seinem Lieblingsjünger:

> *»Siehe, deine Mutter!«*

Sobald er Maria Johannes anvertraut hat, sagt Jesus:

> *»Mich dürstet«,*

was im biblischen Sprachgebrauch oft heißt: »Ich leide furchtbar.« Und gleich darauf gibt er den Geist auf und stirbt.

Maria lehrt uns etwas über das Mitleiden, das für unser Gemeinschaftsleben ganz grundlegend ist. Darum ist Maria für die Arche so wichtig.

Maria kann uns lehren, wie wir *bei* Menschen sein können, die furchtbar leiden und wie wir *mit ihnen gehen* können. Das sind Menschen, die nie geheilt und gesund werden können. Wir brauchen die mit-leidende Gegenwart Marias in unserem Leben und in unseren Gemeinschaften, damit wir den Leidenden ganz nahe sein und unser Leben mit ihnen teilen können. Manche sagen, dass wir »unsere Zeit vergeuden«, wenn wir mit unseren Leuten zusammenleben; dass wir mit unserem Leben etwas »Nützlicheres« hätten anfangen können. Sie sind der Überzeugung, dass die Leben unserer Leute unwichtig und unbedeutend sind; und dass auch unser Leben mit ihnen unwichtig und unbedeutend ist. Aber wenn wir mit ihnen in ihrem Leiden sind und wenn wir in enger Gemeinschaft mit ihnen leben, ist dies das Zeichen unserer Liebe.

Die Spiritualität der Arche hängt ganz tief mit dem verborgenen Leben Jesu auf Kalvaria, in Bethlehem und in Nazareth zusammen. Mit seinem eigenen Leiden und seiner Todesangst hilft uns Jesus, das Geheimnis des menschlichen Leidens zu erfassen; das Geheimnis unserer eigenen Wunden, unserer Zerbrechlichkeit und unserer Gebrochenheit, unserer Angst vor dem Abgelehntwerden und davor, in der Gesellschaft keinen Platz zu haben. Unsere Qual und Verwirrung kann zur Quelle des Lebens werden, wenn sie mit Jesus am Kreuz und in der Auferstehung vereinigt wird.

Wir müssen nicht unser ganzes Leben mit Wut über unsere Vergangenheit oder über unsere Schwachheit verbringen. Wir müssen keinen Groll auf unsere Eltern, unsere Gesellschaft oder unsere Kirche im Herzen tragen, weil sie uns verletzt haben. Wir sind berufen, zu entdecken, dass kein Leiden jemals nutzlos ist.

Es gleicht eher dem Mist, den man über den Acker streut. Er riecht schrecklich und scheint nur Abfall zu sein, aber in Wirklichkeit reichert er den Boden an und nährt ihn, und so kann er neues Leben hervorbringen. Nichts ist verloren. Jesus heißt alles willkommen, was gebrochen ist. Wenn wir ihm unsere Schwachheit schenken, verwandelt er sie in eine Quelle des Lebens.

Jesus hilft uns, unser Leiden zu nehmen und es als Gabe darzubringen. Das heißt nicht, dass wir nicht alles tun sollten, was wir können, um es zu erleichtern! Wenn jemand Zahnschmerzen hat, sollten wir ihn zum Zahnarzt bringen, statt ihm nur einfach zu sagen, dass wir ihn lieben! Genauso braucht jemand, der mentale Qualen hat, kompetente Hilfe. Angesichts von Schmerzen und Leiden bedarf es eines auf Kompetenz beruhenden Mit-Leidens.

Aber wenn eine Mutter gerade erst ein Kind verloren hat oder eine Frau ihren Mann, oder wenn ein junger Mann erfährt, dass er niemals mehr wird gehen können, dann brauchen sie nicht nur kompetente Hilfe, sondern auch die Gegenwart eines einfühlsamen, mit-leidenden Menschen. Wenn Menschen in den letzten Stadien einer Krankheit sind, sollte man alles tun, um ihre Schmerzen zu lindern und es ihnen möglichst bequem zu machen. Aber sie brauchen auch die schlichte Gegenwart von jemandem, der sie liebt.

In unseren Arche-Gemeinschaften brauchen wir ein Mit-Leid, das sowohl Kompetenz als auch »Präsenz« umfasst. Wir müssen wissen, wie man Schmerzen lindern und wie man leidende Menschen trösten kann. Aber alle Kompetenz in der Welt wird niemals alles Leiden tilgen, alle Qual heilen und alle »Gebrochenen« wieder heil machen ... Wir müssen es lernen, wie wir *bei* den Leidenden sein, ihnen nahe sein können wie Maria.

Mit Maria entdecken wir das Geheimnis unseres eigenen Leidens. Wir lernen, es zusammen mit ihr Gott darzubringen, im Einssein mit Jesus, um der Welt Leben zu schenken.

Sechster Tag

»Selig die Sanftmütigen …«
(Matthäus 5,5)

Lernen, voller Hoffnung zu warten

Der Leib Jesu wird vom Kreuz abgenommen. Maria hält ihren geliebten Sohn das letzte Mal auf dem Schoß. Der Tag danach, den wir heute »Karsamstag« nennen, ist ein Tag des Wartens und Hoffens. Am Karsamstag habe ich immer das Gefühl, dass die ganze Welt wartet. Ob wir es zugeben wollen oder nicht: Wir verbringen unser ganzes Leben mit Warten, mit Erwartung, auch wenn wir nicht immer wissen, worauf wir eigentlich warten.

Junge Menschen warten auf den Augenblick, in dem sie dem Menschen begegnen, der sie »für immer« lieben wird. Viele Menschen warten auf den Tag, an dem sie ihre wahre Berufung im Leben entdecken. Ehepaare leben in der Erwartung eines Kindes. Alte Menschen warten darauf, dass sie sterben können. Auf die eine oder andere Weise warten wir alle, leben mit einer Haltung der Erwartung.

Zuweilen kommen zu mir Menschen, weil sie in unerträglichen Lagen sind: ein junger Mann, der schon alles versucht hat, mit dem Trinken aufzuhören, aber vom Alkohol einfach nicht loskommt; eine Frau voller Schmerzen, die verzweifelt nach Hilfe sucht und keine findet; ein Ehemann und seine Frau, die nicht mehr miteinander auskommen, ständig in Streit geraten und einander verletzen, und das lässt sich einfach nicht ändern, so sehr sie sich auch Mühe geben. Diese Menschen wissen nicht mehr, was sie tun oder worauf sie hoffen sollen – auf eine Veränderung? auf ein Wunder? auf Heilung? Es ist, als lebten und warteten sie ohne Hoffnung.

Wieder ist hier Maria unser Vorbild. Nach der Kreuzigung wartete sie, ohne zu wissen, worauf sie warten sollte. Sie wartete einfach im Frieden und mit Vertrauen. Jesus hatte gesagt, dass er nach drei Tagen auferstehen werde. Sie wusste nicht, was das bedeuten sollte. Würde er wieder wie Lazarus aus dem Grab kommen?

Auch die Jünger warteten, jeder auf seine Weise. Es ist nicht einfach, das Warten zu lernen. Maria Magdalena wartete ungeduldig. Die Zeit wurde ihr sehr schwer. Sie wartete verzweifelt, bis endlich der Sabbattag zu Ende ging, damit sie ans Grab eilen konnte! Sie wollte wieder nahe beim Leib Jesu sein. Sie wollte ihn auferstehen sehen. Aber wie würde er das machen? Schließlich eilte sie weinend und voller Angst zum Grab und fand es leer. Sie rannte los, um die andern zu holen. Maria, die Mutter Jesu, war nicht aufgeregt; sie eilte nicht zum Grab. Sie wartete auf Jesus. Er hatte gesagt, dass er am dritten Tag auferstehen werde. Sie vertraute darauf. Die Jünger aus Emmaus konnten nicht im Frieden warten; sie flohen in ihre Heimatstadt heim. Sie konnten die angespannte Atmosphäre, die Trostlosigkeit nach dem Tod Jesu nicht aushalten, das Warten, ohne zu wissen, was geschehen würde.

Die anderen Jünger reagierten mit Unglauben, als die Frauen kamen und ihnen erzählten, dass Jesus auferstanden sei. Sie hielten diese Frauen für hysterisch, die da aufgeregt schrien: »Er lebt!«, »Wir haben ihn gesehen!«

Jede und jeder von uns erlebt Situationen solches notvollen Wartens. Wenige von uns wissen, wie man im Frieden wartet. In Zeiten der Verwirrung und des Konflikts kann eine ganze

Gemeinschaft auseinanderbrechen; etliche Mitglieder treten womöglich aus.

Wie schwer fällt uns das Warten, wenn wir voller Schmerzen und Angst sind und nichts mehr verstehen. Wir versuchen zu erzwingen, dass etwas geschieht, tun alles, um uns selbst abzulenken. Wir stürzen uns in Überaktivität oder in irgendeine Tätigkeit, die vielleicht den Schmerz lindern könnte oder ein Ventil für die Qual ist, die uns nach und nach überkommt. Oder wir möchten alles hinwerfen, versuchen allem zu entkommen und wegzulaufen. Es ist schwer, ruhig zu bleiben, wenn anscheinend alles festgefahren ist. Wir müssen es lernen, in Zeiten des Leidens und der Trauer geduldig zu warten; in einer Haltung des Gebets und der Hingabe zu warten.

Lasst uns Jesus bitten, er möge uns lehren, wie man ruhig wartet, oft ohne noch etwas zu verstehen. Wir Menschen möchten immer alles wissen und verstehen und energisch weitermachen, und das kann gut sein; unser Geist ist darauf angelegt, alles verstehen zu wollen. Aber zuweilen müssen wir es akzeptieren, dass es Dinge gibt, die wir noch nicht verstehen können.

Maria und Josef hatten bei ihrer Rückreise von der Wallfahrt nach Jerusalem das Kind Jesus verloren. Sie suchten drei Tage lang nach ihm. Als sie es schließlich fanden, sagte Jesus zu ihnen:

> *»Wusstet ihr nicht, dass ich in dem sein*
> *muss, was meinem Vater gehört?«*
> (Lukas 2,49)

Und im Evangelium wird hinzugefügt, dass Maria und Josef nicht verstanden, was er damit sagen wollte.

Es gibt vieles, was wir nicht verstehen. Wir müssen warten, bis uns ein Licht aufgeht. Wir müssen warten und beten und sorgfältig auf den »Augenblick« Gottes warten. Wenn wir alles in unserer Macht Stehende getan haben, müssen wir das richtige Warten lernen.

Maria kann uns lehren, wie wir warten können, wenn wir mit der Finsternis, Gebrochenheit und Hinfälligkeit unserer Welt konfrontiert werden, mit unserer eigenen Finsternis, Gebrochenheit und Hinfälligkeit – wie wir warten können ... mit dem Vertrauen, dass uns neues Leben geschenkt werden wird.

Unsere stärkste, tiefste Sehnsucht richtet sich auf ein neues Leben, eine Wiedergeburt, eine Auferstehung zum Zeitpunkt unseres Todes und am Ende der Zeit; aber auch *in diesem gegenwärtigen Augenblick. Hier, jetzt.* Wir sehnen uns danach, befreit zu werden aus dem Gefängnis unserer Ängste, von dem Gefühl unserer Ohnmacht, von allem, was uns daran hindert, voll und ganz zu leben. Wir haben diese tiefe Sehnsucht, ganz und gar lebendig zu sein!

Die Auferstehung Jesu war das außerordentlichste kosmische Ereignis aller Zeiten, und doch geschah da etwas außerordentlich Schlichtes und Verborgenes. Wir müssen auf die Auferstehung Jesu blicken, um das verborgene Geheimnis und die Unscheinbarkeit unserer eigenen Auferstehung zu begreifen. Wir neigen dazu, von Gott Spektakuläres zu erwarten. Daher merken wir oft gar nicht, dass Gott in unserem Leben anwesend ist, wenn er auf unscheinbare Weise und so einfach wie ein sanfter Lufthauch kommt. An diesem Ostermorgen erhob sich Jesus nicht angesichts einer großen Menschenmenge triumphierend unter Trompetengeschmetter und dem Klang von Zimbeln hoch über dem Tempel von Jerusalem. Nein, er erschien nur einigen wenigen Menschen ganz persönlich, wie etwa den beiden Jüngern, die nach Emmaus unterwegs waren. Er begleitete sie einfach auf ihrem Weg und redete mit ihnen. Dann erkannten sie nach und nach, dass es Jesus war und dass er auferstanden war.

Mit ihren Herzen voller Freude eilten die zwei Jünger nach Jerusalem zurück, um den andern zu erzählen, was geschehen war.

Während sie noch darüber redeten, trat Jesus selbst in ihre Mitte und sagte zu ihnen: »Friede sei mit euch!« Sie erschraken und hatten große Angst, denn sie meinten, einen Geist zu sehen.
(Lukas 24,36)

Ihre unmittelbare Reaktion war die, Angst zu haben – obwohl sie doch wussten, dass es Jesus war. Die Frauen hatten ihnen schon erzählt, dass Jesus auferstanden sei. Petrus hatte das leere Grab gesehen. Die Jünger von Emmaus hatten ihnen erzählt, was sie erlebt hatten – und trotzdem glaubten die anderen Jünger immer noch nicht.

Da sagte er zu ihnen: »Was seid ihr so bestürzt? Warum lasst ihr in eurem Herzen solche Zweifel aufkommen? Seht meine Hände und meine Füße an. Ich bin es selbst. Fasst mich doch an und begreift: Kein Geist hat Fleisch und Knochen, wie ihr es bei mir seht.« Als er dies gesagt hatte, zeigte er ihnen seine Hände und seine Füße.
(Lukas 24,38–40)

Dann kommt der bemerkenswerte Satz:

Sie staunten, konnten es aber vor Freude immer noch nicht glauben.

Das zeigt, wie verborgen das Geheimnis der Auferstehung Jesu war, wie schlicht und unaufdringlich. Das alles wirkte so einfach, dass die Jünger ihre Schwierigkeiten damit hatten, zu glauben, es sei wahr. Da gab es keine kosmischen Erleuchtungen, keine welterschütternden Offenbarungen.

Jesus fuhr fort:

»Habt ihr etwas zu essen hier?« Sie gaben ihm ein Stück gebratenen Fisch; er nahm es und aß es vor ihren Augen.
(Lukas 24,41–43)

Wir müssen zusehen, was im Licht der Auferstehung Jesu für *uns* »auferstehen« heißt. Heißt das, dass wir plötzlich und vollständig verändert werden?

Tatsächlich sind wir Menschen, die in der Auferstehung leben, denn das, wonach wir uns sehnen, ist bereits geschehen. Dieses neue Leben, diese Neugeburt wurde uns bei der Taufe geschenkt, als wir im Heiligen Geist neu geboren wurden. Sie bleibt aber zugleich ganz verborgen und unscheinbar: wie ein kleines Samenkorn, das in der verletzlichen Erde unseres Wesens wächst und sich entfaltet.

Wir sind verwundete, gebrochene Menschen. Unsere Reaktionen entspringen der Angst und Qual. Unsere verletzlichen Herzen haben so sehr Angst vor dem Leiden und Abgelehntwerden, dass wir Schranken aufrichten. Aber wenn wir es dem Heiligen Geist gestatten, in unser Herz zu kommen, wird es nach und nach dank seiner Gegenwart verändert und verwandelt.

Im Vertrauen wachsen

Wir träumen alle davon, irgendeine spektakuläre Bekehrung zu erleben, bei der in unserem Leben plötzlich alles ganz anders wird ... und für immer – so wie bei Paulus auf der Straße nach Damaskus! In Wirklichkeit wissen wir nicht, wie lange Paulus tatsächlich für seine Bekehrung brauchte, und auch nicht, wie sie vorbereitet wurde oder was danach alles geschah. Wir sind ungeduldig und es fällt uns schwer, den Umstand zu akzeptieren, dass wir sogar nach einer wichtigen Erfahrung der Liebe Gottes oder nach einer tiefgreifenden Bekehrung immer noch nicht vollkommen sind. Es mag sein, dass wir in uns eine Veränderung spüren; uns sind die Augen aufgegangen und wir sehen vieles in einem ganz neuen Licht. Wir mögen unseren Weg, unsere Berufung gefunden haben – aber trotzdem hat sich nicht *alles* geändert. Es gibt immer noch Schatten; manche Wunden und Schwächen bleiben weiterhin, können sich jederzeit melden und Trauer und Wut auslösen.

Wir sehnen uns nach einer großen, endgültigen Erfahrung, dass alles anders wird. Dabei vergessen wir, dass im Leben alles nach und nach wächst. Es braucht neun Monate, bis ein Kind sich im Schoß seiner Mutter entwickelt. Dann kommt es zum Wunder der Geburt, wenn das Kind in die Welt herausdrängt. Darauf folgen die verschiedenen Entwicklungsstufen, die Jahre brauchen: das erste Lächeln, die ersten Schritte, Schule und Studium, und so weiter. Das Wachsen ist ein Entwicklungsprozess in Richtung größerer Reife, bis wir schließlich die Phase erreichen, ab der unsere Fähigkeiten abnehmen und verfallen. Das ist eine Zeit noch weiteren Reifens. Das Wachstum, das mit dem Zerfall und dem Verlust unserer körperlichen und geistigen Kräfte einhergeht, ist genauso wichtig wie unsere früheren Entwicklungsstufen. Unsere Erfahrung, voller Kraft und Wohlbefinden zu sein, ist recht kurzlebig. Uns allen ist das Altwerden und Verfallen bestimmt.

Ich entsinne mich einer Begegnung mit dem spanischen Priester und Jesuiten Pedro Arrupe, der viele Jahre der »General« der Jesuiten war. Er war ein außergewöhnlicher Mensch, in vielen Sprachen bewandert und mit einer bewundernswerten Vision für die Welt und die christliche Kirche; ein Mann voller Leben und Freude. Bei der Pilgerfahrt unserer Gemeinschaft im Jahr 1980 nach Rom besuchten wir ihn. Er verbrachte einige Zeit mit uns und sang uns ein Lied in seiner baskischen Muttersprache vor. Seine Stimme erfüllte den ganzen Raum. Er war wirklich einer der großen visionären Menschen des zwanzigsten Jahrhunderts.

Noch mehr berührte er mich beim letzten Mal, als ich ihn besuchte. Er hatte kurz davor einen Schlaganfall erlitten und konnte nicht mehr sprechen oder lesen. Ich reichte ihm ein

Exemplar meines mit Bildern illustrierten Kinderbuchs *Ich begegne Jesus*. Er sah die Bilder an und seine Augen glänzten wie diejenigen eines Kindes. Er lebte noch zehn Jahre, wurde immer schwächer, wurde inkontinent und musste gefüttert und gebadet werden und konnte ohne Hilfe überhaupt nichts mehr tun.

Das Leben eines jeden von uns läuft auf die gleiche Schwäche und den gleichen Verfall zu. Zwar werden wir nicht alle genau so leben und sterben wie Pedro Arrupe, aber früher oder später werden wir alle älter, schwächer und hinfälliger. Wir müssen es lernen, diese Zerbrechlichkeit anzunehmen und ins Geheimnis des Reifwerdens durch die Schwäche einzutreten.

Meine eigene Mutter wurde fast dreinundneunzig. Mit zunehmendem Alter wurde sie schwächer, konnte kaum mehr gehen und war nicht mehr imstande, sich selbst anzuziehen. Sie konnte nichts mehr lesen und wurde nach und nach blind, aber trotz ihres Verfalls schaffte sie es, ihre Wirklichkeit anzunehmen. Zum Reiferwerden gehört es, immer besser die Wirklichkeit anzunehmen und sich nicht länger in Illusionen zu flüchten. Man dankt Gott dann für alles, was man *hat*, statt darüber zu klagen, was man alles *nicht hat*.

Aber es gelingt uns nie, voll und ganz reif zu werden. Wir alle tun uns auf die eine oder andere Weise mit der Wirklichkeit schwer, mit der Art, wie wir zu einem bestimmten Zeitpunkt leben, oder mit dem, was wir in der Vergangenheit durchgemacht haben ... Wir verpuffen einen Großteil unserer Energie mit dem Ankämpfen gegen die Wirklichkeit, weil wir sie uns anders wünschen; wir möchten lieber in der Vergangenheit leben oder wir projizieren zu viel in die Zukunft.

Das ist bei uns allen die gleiche Geschichte. Als Schulkinder sagen wir: »Ich freue mich schon darauf, bis ich größer bin, aus der Schule komme und arbeiten kann!« Sind wir dann aus der Schule und haben eine Arbeit, so sagen wir: »Ach, ich kann es kaum erwarten, bis ich heiraten kann. Dann werde ich glücklich sein!« Und einige Zeit nach der Hochzeit merkt das Ehepaar dann, dass sein Leben etwas wenig Abwechslung bietet, und die beiden sagen zueinander: »Aber wenn wir dann eigene Kinder haben, dann werden wir erst so richtig glücklich sein.« Sind dann die Kinder da, so ist das wunderbar, aber sie weinen nachts und wir seufzen: »Ach, wären die Kinder doch schon größer ...« Wenn dann die Kinder wirklich größer sind und alle möglichen neuen Probleme mit sich bringen, träumt das Paar von der Zeit, wenn die Kinder aus dem Haus sind und sie endlich miteinander allein sein können. Und wenn die beiden in die Jahre kommen, denken sie an die vergangenen Zeiten zurück und sagen: »Wie war das früher doch schön, als wir noch jünger waren!«

Wir tun uns schwer, ganz im gegenwärtigen Augenblick zu leben, auf die Gegenwart Gottes im Hier und Jetzt zu vertrauen und ihm dafür Dank zu sagen. Aber genau darin liegt das Geheimnis der Inkarnation: Es geht um die Offenbarung, dass Gott in der augenblicklichen Wirklichkeit verborgen ist. Gott ist nicht eine unzugängliche Instanz »irgendwo da draußen«, im Himmel, die außer Reichweite der Menschen wäre. Wir müssen Gott nicht »da draußen« oder in der Zukunft suchen. Gott ist uns ganz nah, ist uns gegenwärtig – ewig gegenwärtig im »Jetzt« jedes Augenblicks. Gott ist das ewige Hier und Jetzt, sogar in unserer Gebrochenheit und unserem Verwundetsein. Das Leben eines jeden von uns ist eine Geschichte des Hineinreifens in eine größere Offenheit und innere Freiheit, in ein bereitwilligeres Akzeptieren der Wirklichkeit: der Wirklichkeit unserer eigenen Geschichte und der Wahrheit dessen, wer wir sind und wer andere sind. Das ist ein langer Weg.

Wenn Menschen älter werden und ihre Kraft nachlässt, werden sie oft fähiger, ihr Leben und die Wirklichkeit anzunehmen. Aber im hohen Alter können manche Menschen auch bitter und verzweifelt werden. Sie werden dann wütend auf das Leben, auf sich selbst, auf ihre Schwäche und auf das Bewusstsein, dass der Tod und damit das Ende ihres Lebens näherrückt.

Man braucht seine Zeit dazu, die Wirklichkeit voll anzunehmen und sich auf einen »Bund« mit der Wirklichkeit einzulassen; auf einen Bund mit der eigenen Schwäche und Armut. Wir brauchen Zeit dafür, bei Jesus zu verweilen und ihm Dank zu sagen. Wir sind oft wie die »Bakouris«, diese wunderschönen Bäume im Amazonasgebiet, die ganz langsam wachsen. Sie brauchen vierzig Jahre, bis sie zum erstenmal Früchte tragen! Auch wir müssen zuweilen dreißig oder vierzig Jahre lang warten, bis wir endlich die Früchte unseres Lebens sehen! Doch wir sind aufgerufen, darauf zu vertrauen, dass es diese Früchte gibt und dass sie unmerklich in unserem Wesen heranreifen. Wir müssen es lernen, auf Gottes Zeit zu warten, ja in Gottes Zeit zu leben. Es gibt *unsere* Zeit und es gibt *Gottes* Zeit. Gott ist geduldig und kann auf uns warten. Wir müssen das Geduldigsein lernen, um auf Gott warten zu können.

Das Geheimnis des Christentums liegt in der Unscheinbarkeit: in der Unscheinbarkeit Gottes und im unscheinbaren Annehmen dieses unscheinbaren Gottes, der *heute* zu uns in unsere Wirklichkeit kommt. Jede und jeder von uns lebt in einer eigenartigen und geheimnisvollen Partnerschaft mit Gott. Jede und jeder ist berufen, Schritt für Schritt mit Jesus zu gehen und im gleichen Schritttempo wie Jesus zu gehen – ja ich möchte sogar sagen, nach dem gleichen Rhythmus wie Jesus zu »tanzen«.

Jesus schenkt uns die Gnade, die wir brauchen, aber an uns liegt es, die notwendigen Schritte zu tun, um die Bundesbeziehung mit ihm lebendig zu halten. Gott zwingt uns nie und manipuliert uns nie. Wenn ich Menschen zuhöre und sie auf ihrem inneren Weg begleite, berühren mich immer wieder Gottes Behutsamkeit und Unscheinbarkeit und sein tiefer Respekt vor jedem Menschen und davor, wer er ist und wo er auf seinem Weg steht.

Jesus berief den reichen jungen Mann mit den Worten:

> *»Eines fehlt dir noch: Geh, verkaufe, was du hast, gib das Geld den Armen, dann komm und folge mir nach!«* (Markus 10,21)

Der junge Mann konnte das nicht. Jesus bestand nicht darauf. Er lief ihm nicht nach. Er versuchte nicht, ihn zu betören oder zu überzeugen oder ihm dafür Reichtum und Macht zu versprechen.

Gott respektiert unsere Freiheit und setzt keine Werbung oder attraktiven Parolen ein. Gott liebt uns zu sehr, als dass er uns so behandeln würde. Das ist Gottes Schwäche. Jesus sagt zu jedem und jeder von uns: »*Wenn du willst*, komm; aber ich zwinge dich nicht dazu. Ich kann dir keinen Erfolg in dieser Welt versprechen. Was ich dir versprechen kann, ist, *dass ich immer bei dir sein werde.* Wir werden gemeinsam unterwegs sein.« Jesus wird uns nie verlassen, selbst falls wir Fehler machen, in Depression verfallen oder uns von ihm abwenden. Jesus wird warten, bis wir zu ihm zurückkehren.

Wir Menschen neigen dazu, andere für unsere eigenen Interessen, unsere eigenen Zwecke zu »gebrauchen«. Wenn sie unseren Erwartungen nicht entsprechen oder für uns nicht mehr »nützlich« sind, verlassen wir sie.

Jesus schickt niemanden weg und wendet sich von niemandem ab. Er wartet voller Liebe. Er will nur eines: dass wir in größere innere Freiheit hineinreifen und dass unsere Liebe voller und freier wird. Das kann seine Zeit brauchen. Aber darin besteht die Unscheinbarkeit der Auferstehung: dass unser Hineinreifen in den Heiligen Geist ziemlich unsichtbar bleibt.

Das gehört auch zur Unscheinbarkeit und Armut der Arche. Wir brauchen in unseren Häusern gute Assistenten. Manchmal bekommen wir sie und zuweilen haben wir zu wenig Assistenten. Das ist die Unaufdringlichkeit und Armut unserer Luisitos und Claudias. Sie sind in der Gemeinschaft immer da und sie laden Assistenten ein, damit sie bei ihnen bleiben, aber wenn Assistenten sie wieder verlassen, richten und verurteilen sie diese nicht. In der Arche müssen wir Menschen voller großer Geduld sein. Wir müssen reifer werden und im Vertrauen und in der Gewissheit wachsen, dass Jesus mit uns geht. Jesus möchte, dass wir gut auf uns selber aufpassen, physisch und spirituell wohlauf sind, uns ausreichend ausruhen und angemessen ernähren, die richtige geistliche Nahrung finden. Jesus möchte, dass wir ihm alles zu Füßen legen, was wir in unserem Herzen tragen, und still bei ihm verweilen; dass wir darauf vertrauen, dass wir nach und nach in seine Liebe hineinreifen.

Wenn wir auf das Wort Gottes hören und Gottes Verheißungen ernst nehmen; wenn wir uns von der Liturgie und den Sakramenten nähren; wenn wir regelmäßig gemeinsam mit anderen Gott in der Kirche anbeten; wenn wir bereit sind, uns von einem Mann Gottes oder einer Frau Gottes auf unserem Lebensweg begleiten zu lassen; wenn wir schlicht und einfach mit den Schwachen und Armen unterwegs bleiben, werden wir nach und nach anfangen, Dinge zu verstehen, die wir noch nie verstanden hatten. Wir werden friedvoller werden, liebevoller.

Gott führt uns sacht und leise, denn Gott ist die Liebe. Gott ist das totale Verschenken seiner selbst. Gott ist ein im Überschwang Gebender. Sein sehnlichster Wunsch ist es, sich uns zu geben, und zwar in dieser Leben spendenden Bundes-Beziehung, so dass wir voll lebendige Menschen werden. Wir müssen uns damit anfreunden und es akzeptieren, dass Reifwerden Zeit braucht. Wir müssen Menschen sein, die die Kunst beherrschen, warten zu können. Denn wir wissen, dass der Ewige, der jenseits aller Grenzen der Zeit ist, zugleich auch in jedem Augenblick des Tages gegenwärtig ist; wir müssen wissen, dass wir berufen sind, hier und heute zu leben und mit Gott zu gehen, und an jedem Tag, Tag um Tag.

Zärtlichkeit schenken und empfangen

Die unlängst verstorbene Helen war fünfzehn Jahre alt, als wir sie in die Arche-Gemeinschaft »Punla« auf den Philippinen aufgenommen hatten. Bis zu dieser Zeit hatte Helen ihr ganzes Leben in einem Krankenhaus verbracht. Sie war blind, konnte nicht gehen, nicht sprechen und ihre Hände nicht gebrauchen. Die Kommunikation mit ihr war schwierig. Bei meinem Besuch in »Punla« sagte mir Keiko, die für Helen sorgte, wie schwierig das Zusammenleben mit ihr sei. Sie äußere keine Reaktion, keine Gefühlsregung; alles, was sie tun könne, sei, ihren Mund für ihre Babytrinkflasche zu öffnen. Ich sprach Keiko Mut zu, weiterhin liebevoll Zeit mit Helen zu verbringen, sie anzusprechen, zu berühren und zärtlich im Arm zu halten. Wenn Gott wolle, könne Helen vielleicht eines Tages lächeln, und dann könne sie mir das vielleicht mit einer Postkarte mitteilen. Monate später erhielt ich eine Postkarte aus Manila: »Heute hat Helen gelächelt.« Sie hatte ein neues Leben gefunden; ein kleines Rinnsal neuen Lebens hatte sich aufgetan und aus ihr herauszufließen begonnen. Sie hatte damit angefangen, zu vertrauen.

Wir Menschen sind zur engen Gemeinschaft miteinander erschaffen. Wo es keine enge Gemeinschaft gibt, kapseln wir uns in uns selbst ab; wir werden dann zur Kommunikation unfähig, können nicht mehr in den Fluss des Lebens eintauchen. Ein Kind, das nach seiner Geburt ausgesetzt wird, verschließt sich in Trauer und Depression und wird zum Reagieren und Kommunizieren unfähig. Für ein Kind ist die enge Gemeinschaft von lebensnotwendiger Bedeutung, dieses Hin und Her der Liebe, bei dem jeder gibt und empfängt. Zuweilen höre ich Psychologen sagen, Kinder seien zum Lieben noch unfähig. Das Liebesvermögen entwickle und vertiefe sich erst später, wenn wir es lernten, uns selbst herzugeben und großzügiger und altruistischer zu werden. Aber kleine Kinder lieben schon wirklich, auch wenn der Grundzug ihrer Liebe noch nicht die Großzügigkeit ist, sondern das Vertrauen und das Hin und Her von Herz zu Herz. Das Vertrauen ist bereits eine Form, sich selbst herzugeben. Wir Erwachsene haben oft mehr Großzügigkeit entwickelt, dagegen aber dieses grundlegende Vertrauen verloren, das Vertrauen auf Gott, das Vertrauen auf andere, das Vertrauen auf uns selbst. Wir wurden in der Vergangenheit bereits verletzt oder manipuliert und haben Angst davor, wieder verletzt zu werden, wenn wir anderen zu stark vertrauen. Stattdessen entwickeln wir unsere Verteidigungsmechanismen und werden unabhängig und autark. Kinder sind nicht autark. Sie brauchen andere, die sie nachts zudecken, wenn es sie friert. Sie sind in fast allem von anderen abhängig. Ganz kleine Kinder können nur schreien, wenn sie etwas brauchen. Ihr Schrei als solcher ist ein Zeichen des Vertrauens; des Vertrauens, dass jemand kommen und auf ihr Schreien reagieren wird; dass es jemanden gibt, die oder der will, dass es ihnen gut geht und sie glücklich sind.

Wenn eine Mutter ihr Kind schreien hört, kann sie heraushören, worum es geht: ob das ein Zeichen dafür ist, dass es Hunger hat oder Angst oder Schmerzen – denn sie liebt und kennt ihr Kind. Wir in der Arche müssen es lernen, die Schreie der uns anvertrauten Menschen richtig zu deuten, vor allem, wenn diese Schreie nicht akustischer Art sind; wenn ihre einzige Sprache ihr Gesichtsausdruck ist, ihre Gestik oder zuweilen ihr Gewaltausbruch. Wir müssen es dringend lernen, zu verstehen, wonach sie verlangen, was sie ablehnen und worauf sich ihr Schmerz bezieht. Auch die Sprache Heranwachsender muss man verstehen und achten. Selbst wenn sie besser fähig sind, sich in Worten auszudrücken, finden sie nicht immer die richtigen Worte dafür, wie es um sie steht und was sie sagen wollen. So äußern sie sich oft auf dem Weg über ihre Gesten und Haltungen. In Wirklichkeit tun wir das alle: Auch wir wissen sehr oft nicht, wie wir es zum Ausdruck bringen sollen, dass wir uns verletzt fühlen oder schwere Nöte haben; auch wir brauchen die Hilfe von jemandem, der unseren Schrei verstehen und richtig deuten kann.

Kinder können vielleicht nicht immer viele Worte verstehen, aber sie können spüren, ob die andern sich darüber freuen, dass es sie gibt, und dass man sie ernst nimmt, liebt und achtet. Sie spüren es aus der Art heraus, wie man sie anfasst, badet, füttert und mit welchem Tonfall man sie anspricht. Genauso ist es bei uns, wenn wir sprechen: Der Tonfall unserer Stimme sagt mehr als unsere Worte. Wenn Geistliche und Priester predigen, sagt der Tonfall ihrer Worte mehr als ihre Worte und zeigt, ob sie aus einer persönlichen Beziehung zu Jesus heraus sprechen oder nicht. Schon die Art, wie wir den Namen »Jesus« aussprechen, kann unsere Liebe – oder unseren Mangel an Liebe – zu ihm verraten und etwas über die Qualität unseres Vertrauens auf Jesus sagen. Es ist schmerzlich, zu spüren, wie groß die Kluft zwischen dem ist, was wir sagen, und dem, was wir tun.

Ein Kind spürt, ob es für die anderen wichtig ist und ob man es liebt oder nicht. Bei einem meiner Besuche in Kanada besuchte ich ein Kinderkrankenhaus, in dem die Schwestern, die die behinderten Kinder versorgten, auf den Fernsehbildschirm starrten, während sie den Kindern die Windeln wechselten. Haben Sie schon einmal versucht, mit jemandem ein Gespräch zu führen, der unentwegt auf den Fernsehbildschirm sieht?

Wir kennen nicht Helens ganze Vorgeschichte, also alles, was sie auf den Philippinen erlebt hat, aber wir wissen, das sie schrecklich verletzt worden sein muss. Zu einem bestimmten Zeitpunkt muss sie nach Liebe und Zärtlichkeit geschrieen haben, weil sie es dringend brauchte, bestätigt zu bekommen, dass sie einmalig und für jemanden wichtig sei, aber niemand war auf dieses Schreien eingegangen. So hörte sie eines Tages ganz mit dem danach Schreien auf, verkapselte sich einfach in sich selbst und zog sich ganz aus der sie umgebenden Welt zurück. Das tun wir alle, wenn andere uns verletzen: Wir ziehen uns in uns selbst zurück. Aber wir können wenigstens irgendetwas unternehmen, um wieder aus uns selbst herauszugehen: Wir können Hausputz machen, ins Kino gehen usw. Helen konnte das nicht. Wie konnte Helen es fertig bringen, wieder aus ihrem Gefängnis von Angst und Verzweiflung herauszukommen, sich zu öffnen und wieder in Kommunikation mit anderen zu treten? Nur indem sie jemandem wie Keiko begegnete, der sie vertrauen lernte, weil sie sie nicht richtete, verurteilte oder verließ.

Ich erzählte die Geschichte von Helen einmal einer Gruppe junger Leute mit Schwierigkeiten und ich fragte sie, ob sie jemanden hätten, mit dem sie reden könnten, wenn sie sich verletzt oder schuldig fühlten oder wenn sie am liebsten dreinschlagen oder sich umbringen würden. Ich erwartete gar keine Antwort von ihnen, aber ich konnte von ihrem Gesichtausdruck ablesen, dass viele von ihnen niemanden hatten, an den sie sich wenden konnten.

Wie wurde es möglich, Helen nahe zu kommen und ihr Sicherheit zu vermitteln? Ihr ganzes Wesen schrie nach Geliebt- und Akzeptiertwerden, aber dieses Schreien war in ihr eingesperrt. Keiko hatte zugegeben, dass es schwer sei, sich mit Helen abzugeben, da sie keinerlei Reaktion zeige. Das hatte Keiko an ihre eigenen Ängste und Nöte erinnert. Sooft Keiko besonders übermüdet war, konnten in ihr Gefühle der Wut und Niedergeschlagenheit aufsteigen, und dann konnte sie die Geduld verlieren. Oft hatte sie das Gefühl, als müsse sie losschreien: *»Warum reagierst du überhaupt nicht? Ich wasche dich, ziehe dich an, füttere dich, trage dich zärtlich herum und gehe mit dir. Warum scheint dir das ganz egal zu sein? Hat es denn einen Sinn, wenn ich mein Leben mit dir verbringe? Ist das nicht bloße Zeitverschwendung? So kann ich nicht weitermachen!«*

Wenn Menschen nicht auf die Art reagieren, die wir gern hätten oder von ihnen erwarten, kann uns das wehtun und wir können wütend werden, auch wenn wir das vielleicht hinter einer Maske der Höflichkeit verstecken. Schweigen kann von Zärtlichkeit erfüllt sein, aber auch von Hass. Wir können tief niedergeschlagen sein und dennoch weiter lächeln. Clowns bringen die Menschen zum Lachen, selbst wenn ihnen zum Weinen zumute ist.

Helens Geschichte in der Arche war kurz. »Helen kam, lächelte, wurde getauft und starb dann.« Ihr Tod war qualvoll: Sie hatte einen epileptischen Anfall und würgte sich zu Tode. Aber es ist, wie die Leiterin ihrer Gemeinschaft sagte: »Wir sind uns dessen sicher, dass sie jetzt über unserer Gemeinschaft wie ein Schutzengel wacht.« Ihr kurzer Aufenthalt in unserer Gemeinschaft – weniger als ein Jahr – war vielleicht genau die Zeit, die sie brauchte, um das Lächeln zu lernen – die Zeit, die sie brauchte, um uns etwas über das Geheimnis der engen Herzensgemeinschaft beizubringen.

Helen lebte nur um der engen Gemeinschaft willen. Sie hatte die Zeit, um die enge Gemeinschaft zu entdecken und uns zu zeigen, welche Angst wir vor dieser Gemeinschaft haben können und welche Verteidigungsmechanismen wir ihretwegen aufbauen. Wir sind nicht unbeweglich wie Helen, aber zuweilen kann unsere Überaktivität eine Form sein, uns vor anderen zu verstecken. Um mit Menschen wie Helen zusammensein zu können, müssen wir aufhören, für sie nur *etwas zu tun,* und stattdessen bereit sein, einfach *bei ihnen zu sein.* Wir müssen in Berührung mit uns selbst und im Frieden mit uns selbst sein; in Berührung mit der Güte und Zärtlichkeit in den Tiefen unseres eigenen Herzens.

Helen lebte die erste Seligpreisung: »Selig sind die Armen ...« Sie war in jeder Hinsicht ganz arm. Sie brauchte um sich herum Menschen, die zudem die Seligpreisung lebten: »Selig sind die Sanftmütigen ...« Je stärker ein Mensch verwundet worden ist, desto dringender braucht er die Gegenwart eines sanften und zärtlichen, liebevollen Menschen, der für ihn da ist. Wenn man einen sterbenskranken Menschen baden muss, braucht man dafür sehr viel Zärtlichkeit sowohl im Herzen als auch physisch. Helen war uns eine Lehrmeisterin darin, gütig und zärtlich zu werden.

Zum Abschluss

Der, der kommt, wenn wir schreien

Das Geheimnis der Arche ist ein Geheimnis mitmenschlicher Beziehungen: Sie lebt von Bundesbeziehungen zwischen ganz unterschiedlichen Menschen, so wie vom geheimnisvollen Bund zwischen Keiko und Helen. Uns wird deutlicher bewusst, dass diese Fähigkeit zum Bundesschluss von Gott kommt. Wir sehnen uns danach, diesem Bund treu bleiben zu können, also den Abstiegsweg der Seligpreisungen einzuschlagen und ganz bewusst andere zu achten, zu verstehen und zu lieben und sie nie bloß dazu zu gebrauchen, um unsere eigenen Bedürfnisse zu stillen und unsere Leere zu füllen.

Aber wie rasch können wir in Routine verfallen und es müde werden, mit anderen zusammen zu sein, oder in den tückischen Kreislauf von Depression und Aggression geraten. Wir können sogar auf uns selbst wütend werden, weil wir uns als unfähig erleben, gütig zu sein und andere so anzunehmen, wie sie sind; unfähig, uns selbst anzunehmen, wie wir sind. Wir müssen es lernen, mit uns selbst gütig umzugehen und auch mit den Helens dieser Welt. Auch wir sind verletzt worden und schreien unseren Schmerz hinaus, unsere Enttäuschungen, unsere Beziehungsunfähigkeit, unsere Aggressivität und Wut. Wir können das wie in einen leeren Raum hinausschreien oder wir können es zu Gott hinschreien.

Im Johannesevangelium verspricht uns Jesus:

> *»Ich werde den Vater bitten, und er wird*
> *euch einen anderen Beistand geben, der*
> *für immer bei euch bleiben soll …«*
> (14,16)

Und er fügt hinzu:

> *»Ich werde euch nicht als Waisen zurücklassen …«*
> (14,18)

Zuweilen übersetzen wir den Begriff, der hier mit »Beistand« wiedergegeben wird, auch mit »Anwalt« oder »Tröster«, aber alle diese Begriffe geben nicht seinen vollen Sinn wieder. Der ursprüngliche griechische Begriff *parakleitos* besteht aus zwei Teilen: *para* heißt »nahe bei« und *kaleo* heißt »rufen«. Das Tätigkeitswort *para-kaleo* bedeutet »jemanden (zur Hilfe) herbeirufen«. Das Hauptwort *parakleitos* heißt wörtlich »derjenige, der auf den Ruf hin kommt«.

Eine Mutter ist für ihr Kind der »Paraklet«, eine Krankenschwester für ihre Patienten: der Mensch, der auf den Ruf hin kommt. Keiko und die Gemeinschaft in Manila waren für Helen der Paraklet. Gott ist der Paraklet für uns alle, denn er ist der, der kommt, wenn wir schreien. Er weiß, wie er unseren Schrei verstehen muss, und er kann uns aus unserem inneren Gefängnis der Angst heraus und weg von unseren Verteidigungsmechanismen rufen. Gott ist von Herzen sanft und gütig, so dass wir keine Angst davor haben müssen, uns ihm zu öffnen.

Der fundamentalste Schrei des Menschen ist »Mama«, mag er vom Kind kommen, vom Sterbenden oder vom Mann in Todesangst auf dem Schlachtfeld. Unser fundamentalster Schrei gilt der Zärtlichkeit, Güte und Sicherheit der Mutter. Nur eine Mutter versteht es richtig, sich herabzubeugen und den zerbrechlichen, verletzten Körper ihres kleinen Kindes aufzuheben. Nur eine Mutter weiß, wie sie es tragen und versorgen muss; wie sie es still aufnehmen und ihm die Tränen abwischen muss. Nur eine mütterliche Liebe weiß, wie man den andern in all seiner Kleinheit und Schwäche auf eine Weise hält, die ihm zeigt, dass er geliebt wird, ganz gleich, ob es sich dabei um ein Kind oder um einen kranken und sterbenden Menschen handelt.

Nur Gott kann voll und ganz auf unseren Schrei nach enger Gemeinschaft eingehen und uns dazu berufen, in enger Gemeinschaft miteinander zu leben. Denn obwohl wir uns nach dieser engen Gemeinschaft miteinander sehnen, haben wir vor diesem engen Bund Angst, weil wir befürchten, wir könnten wieder aufs Neue verletzt werden. Uns geht nie voll und ganz die außerordentliche Güte und stille Gegenwart des Heiligen Geistes auf, der unseren Schmerz und unsere Ängste genau kennt und uns deswegen nicht richtet oder verurteilt. Nur der Heilige Geist konnte Keiko und Helen auf eine solche Weise miteinander vereinen. Zuweilen können wir großherzig sein: Wir können einen Scheck ausstellen, ein Geschenk machen, jemandem eine gute Tat erweisen – und dann wieder gehen. Aber nur dank einer besonderen Gabe des Heiligen Geistes können wir so weit kommen, dass wir es fertig bringen, auf Dauer offen und verletzlich zu sein und einer engen Herzensgemeinschaft mit anderen treu zu bleiben.

Da uns immer deutlicher aufgeht, dass unser Bund ein Geschenk Gottes ist, lasst uns ihm für die Arche danken und lasst uns diesen Bund ausdrücklich feiern.

In Trosly gehen wir am Gründonnerstag nach der Eucharistiefeier der ganzen Gemeinschaft alle in unsere Häuser zurück und waschen uns dort gegenseitig die Füße, so wie Jesus uns das aufgetragen hat. Hierauf halten wir gemeinsam ein Mahl und verzehren das Paschalamm und wir erzählen einander unsere Lebensgeschichten. Jede und jeder berichtet von früher:

»Wo warst du vor zehn Jahren?«

»In einer psychiatrischen Einrichtung.«

»Und du?«

»Ich war allein und hatte viel Angst.«

»Und jetzt hat uns Gott hierher zusammengerufen.«

Wir sagen ihm Dank, dass wir nicht mehr allein sind, sondern zusammengerufen worden sind, um als Brüder und Schwestern miteinander zu leben, als von Gott geliebte Menschen, die gemeinsam mit Gott ihren Weg gehen. Das ist das Geschenk – und das Wunder!

Wir haben den langen Weg vom Schmerz des Alleinseins bis zur Freude der Gemeinsamkeit zurückgelegt. Wir haben das »Rote Meer« der Sklaverei und Angst durchquert und sind ins Gelobte Land der engen Gemeinschaft gekommen. Es tut gut, diese Herzensgemeinschaft zu feiern, diesen Bund, der unsere Familien und Gemeinschaften zusammenhält, und Gott dafür zu danken, dass er uns zusammengerufen hat. Es tut gut, froh diese Tatsache zu feiern, dass Gott uns vereint und uns einander geschenkt hat. Die Schwächsten und Hilflosesten sind der Kern von allem. Sie rufen uns auf, zärtlich zu sein, rufen uns auf, den Weg der Seligpreisungen zu gehen.

Mitten in unserer gebrochenen Welt sind unsere Gemeinschaften und Familien dazu berufen, zu einer Art von kleinen Oasen zu werden, zu bescheidenen Stätten der Liebe, an denen wir den Bund zwischen uns zu leben versuchen und dadurch gleichzeitig mit den Schwachen und Leidenden auf der ganzen Welt solidarisch zu sein. Unsere Gemeinschaften sind nicht von der Welt abgeschnitten. Sie sind offen für andere aus der örtlichen Gemeinde und Nachbarschaft und auch für alle, die weit fort von uns sind. Wir sind alle Teil ein und desselben Leibes, jede und jeder von uns auf ihre/seine ganz eigene Art, und wir atmen alle den gleichen Atem des Geistes Gottes.

Im Buch Jesaja sagt Gott:

»Das ist ein Fasten, wie ich es liebe: die Fesseln des Unrechts zu lösen, die Stricke des Jochs zu entfernen, die Versklavten freizulassen, jedes Joch zu zerbrechen, an die Hungrigen dein Brot auszuteilen, die obdachlosen Armen ins Haus aufzunehmen

(also dein Leben mit den Luisitos und Claudias und Helens zu teilen);

wenn du einen Nackten siehst, ihn zu bekleiden und dich deinen Verwandten nicht zu entziehen. Dann wird dein Licht hervorbrechen wie die Morgenröte und deine Wunden werden schnell vernarben. Deine Gerechtigkeit geht dir voran, die Herrlichkeit des Herrn folgt dir nach. Wenn du dann rufst, wird der Herr dir Antwort geben

(du wirst an deine eigenen Grenzen und deine Unsicherheit rühren und laut nach ihm rufen),

und wenn du um Hilfe schreist, wird er sagen: Hier bin ich. Wenn du der Unterdrückung bei dir ein Ende machst, auf keinen mit dem Finger zeigst und niemand verleumdest, dem Hungrigen dein Brot reichst und den Darbenden satt machst, dann geht im Dunkel dein Licht auf und deine Finsternis wird hell wie der Mittag. Der Herr wird dich immer führen, auch im dürren Land macht er dich satt und stärkt deine Glieder

(er wird dir die Nahrung und Energie geben, die du brauchst).

Du gleichst einem bewässerten Garten, einer
Quelle, deren Wasser niemals versiegt.«
(Jesaja 58,6–11)

Ich bin fest davon überzeugt, dass Gott über uns wacht, über jedes unserer Häuser und jede einzelne unserer Gemeinschaften. Gott beruft uns, in einer zerstrittenen Welt eine Quelle des Einsseins zu sein. Wo immer wir sein mögen, ruft Gott uns auf, den Leidenden nahe zu sein, statt uns in Träume oder Illusionen oder Theorien zu flüchten. Gott ruft uns dazu auf, uns in den Schmutz der Wirklichkeit hineinzubegeben, in die Gebrochenheit von Menschen, und darin zu entdecken, dass aus dem Schmutz der Erde und der Wirklichkeit von Schmerz und Schwäche Wasser aufspringt, das uns erfrischt und Gott finden lässt.

Gott wurde in Jesus Fleisch, nahm unser Menschsein an, wurde Materie und ging in die Welt voller Bewegung und Veränderung ein, in die Welt des Leidens. Wir brauchen keine Angst zu haben: Gott ist bei uns, im Wort, in der Gemeinschaft der Glaubenden, in der Eucharistie, im Sakrament der Vergebung, im Sakrament der Schwachen und Gebrochenen. Gott ist da – wenn auch verborgen – in unserem eigenen Wesen, in unserer ganzen Zerbrechlichkeit. Mit Maria, die in sich den verborgenen Leib Jesu trug, können wir singen:

»Der Mächtige hat Großes an mir getan und sein Name
ist heilig. Er erbarmt sich von Geschlecht zu Geschlecht
über alle, die ihn fürchten. Er vollbringt mit seinem
Arm machtvolle Taten: Er zerstreut, die im Herzen voll
Hochmut sind; er stürzt die Mächtigen vom Thron und
erhöht die Niedrigen. Die Hungernden beschenkt er
mit seinen Gaben und lässt die Reichen leer ausgehen.
Er nimmt sich seines Knechtes Israel an und denkt an
sein Erbarmen, das er unsern Vätern verheißen hat,
Abraham und seinen Nachkommen auf ewig.«
(Lukas 1,49–55)

Arche-Gemeinschaften

Ausführliche Informationen über die Arche International, alle Anschriften, Aktuelles usw. finden Sie unter www.larche.org. Informationen zu Jean Vanier gibt es auf www.jean-vanier.org

In Deutschland: www.arche-deutschland.de

Arche Tecklenburg und *Stiftung Arche Tecklenburg*
Bodelschwinghweg 6 • 49545 Tecklenburg
Telefon 05482/7700 • Telefax 05482/974024
E-Mail tecklenburg@arche-deutschland.de
www.tecklenburg.arche-deutschland.de

Arche Landsberg • Erpftinger Str. 5 • 86899 Landsberg
Telefon 08191/65723-84 • Telefax 08191/65723-85
E-Mail landsberg@arche-deutschland.de
www.landsberg.arche-deutschland.de

Arche Ravensburg • Eisenbahnstraße 38 • 88212 Ravensburg
Telefon 0751/352876-1 • Telefax 0751/352876-2
E-Mail ravensburg@arche-deutschland.de
www.ravensburg.arche-deutschland.de

ArcheStiftung – Gemeinschaft ist Leben!
Gemeinsame Stiftung von Arche Ravensburg
und Arche Landsberg

In der Schweiz: www.arche-helvetia.ch

Arche Im Nauen • Oberdorfstr. 9, Postfach 34
CH-4146 Hochwald
Telefon 061/7514933 • Telefax 061/7514934
E-Mail imnauen@arche-helvetia.ch • www.imnauen.ch

In Österreich: www.arche-tirol.at

Arche Tirol • A-6154 St. Jodok 73
Telefon/Telefax 05279/20151 • E-Mail office@arche-tirol.at

Glaube und Licht
www.foietlumiere.org, www.glaubelicht.at

Kathryn Spink

Jean Vanier und die Arche

Die Geschichte einer außergewöhnlichen Berufung

208 S., geb. mit Schutzumschlag
ISBN 978-3-937896-66-3 Neufeld
ISBN 978-3-7022-2956-6 Tyrolia
Schwarzenfeld/Innsbruck 2008

1964 zog der promovierte Philosoph Jean Vanier mit drei geistig behinderten Männern in ein kleines Haus in einem Dorf bei Paris. Der Gedanke, ihnen zu helfen, wurde bald von der Einsicht abgelöst, selbst hilfsbedürftig zu sein ...

Kathryn Spink zeichnet in dieser Biografie das Leben Vaniers sowie die Geschichte der Arche-Bewegung nach. Sie schildert die Einsichten eines Visionärs, die helfen, den Reichtum von Menschen mit Behinderung zu erkennen.

„Beeindruckend und auffordernd: Das Buch erzählt die Geschichte der Arche-Bewegung und ist zugleich Appell, unsere einschränkenden und behindernden Vorurteile aufzugeben und den Blick auf die Berufung zur Gemeinschaft und die Herausforderung der Teilhabe aller zu richten. Diese Darstellung von Leben und Werk Vaniers, eines Visionärs der Tat, zeigt einmal mehr die schöpferische, verändernde und integrative Kraft des Glaubens." (neue caritas 4/2009)